AF413573

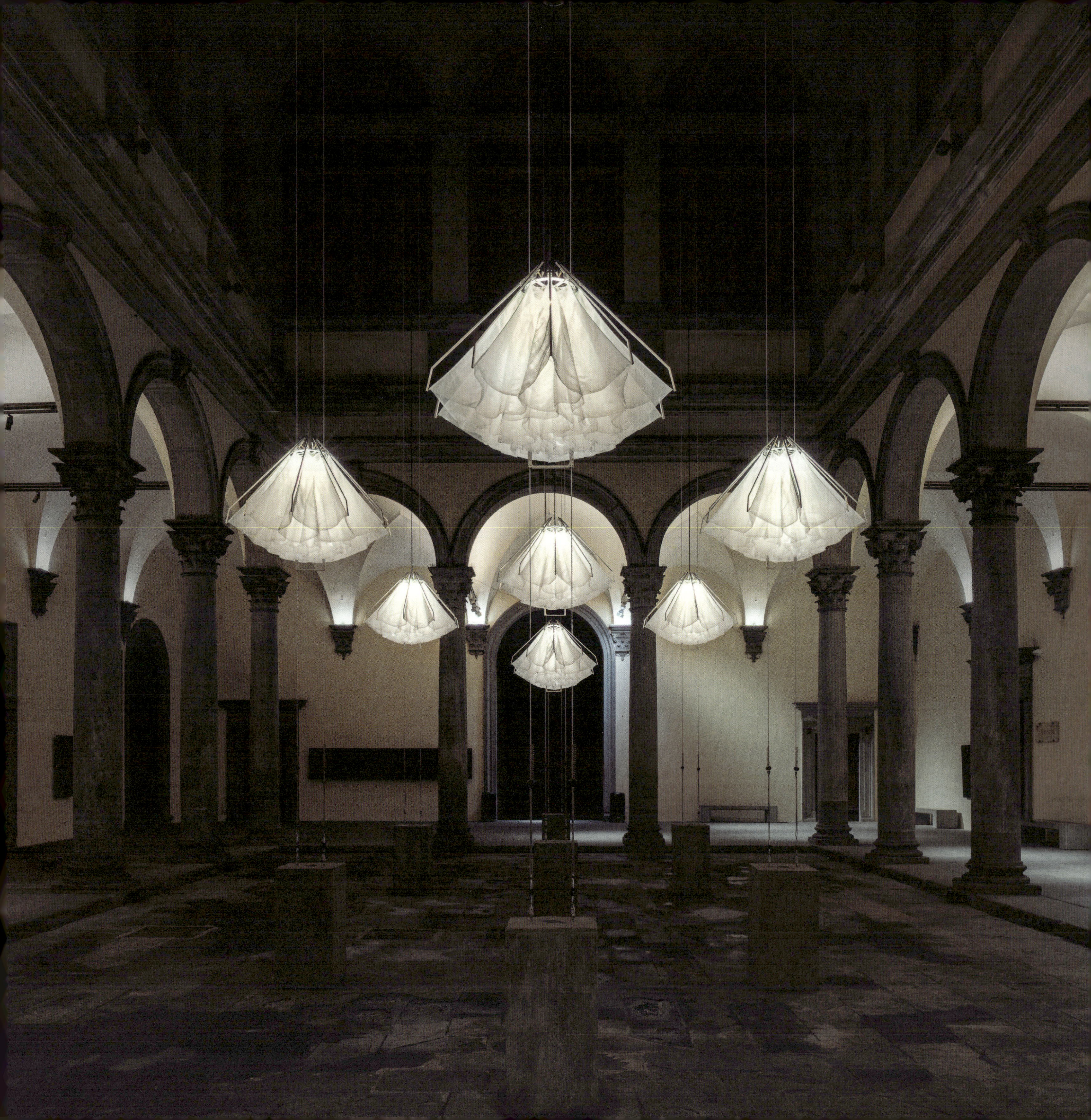

DRIFT
SHY SOCIETY

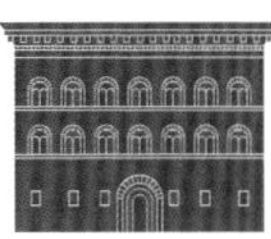

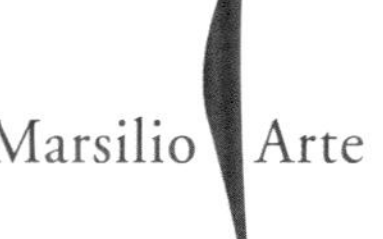

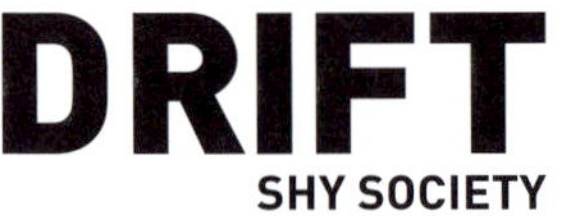

DRIFT
SHY SOCIETY

Palazzo Strozzi, Firenze / Florence
24 ottobre / October 2024
26 gennaio / January 2025

A cura di / *Curated by*
Arturo Galansino

Promossa e organizzata da
Promoted and Organized by

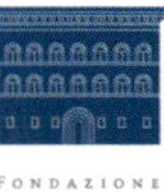

nell'ambito del progetto / *within the project*
"Palazzo Strozzi Future Art"

Sostenitori pubblici / *Public Supporters*
Fondazione Palazzo Strozzi

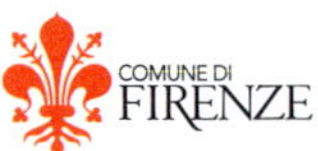

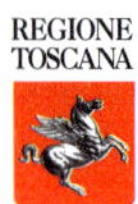

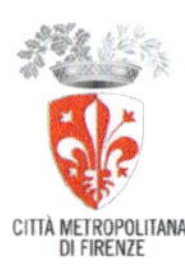

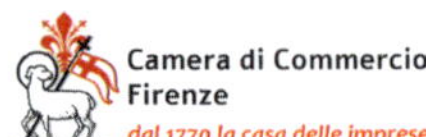

Sostenitori privati / *Private Supporters*
Fondazione Palazzo Strozzi

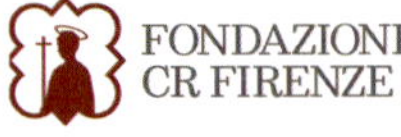

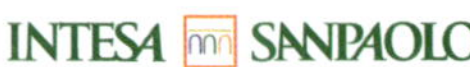

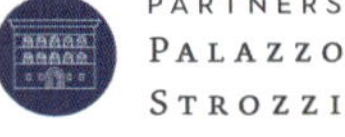

Progetto / *Project*
DRIFT

Coordinamento allestimento
Setup Coordination
Rita Scrofani

Consulenza specialistica per l'installazione
Expert Consultant for the Installation
Leonardo Paolini

Realizzazione dell'installazione / *Setting up*
DRIFT
Alter Ego
Avuelle

Trasporti / *Transport*
Butterfly Transport

Assicurazione / *Insurance*
AON
ARTE Generali

Progetto grafico comunicazione
Communication Design
RovaiWeber design

Coordinamento editoriale
Editorial Coordination
Ludovica Sebregondi

Comunicazione e promozione
Communication and Promotion
Susanna Holm
Sigma CSC

Ufficio stampa internazionale
International Press Office
Sutton PR

Fotografe / *Photographers*
Elzbieta Bialkowska, OKNO Studio
Ludovica Arcero, Saywho

Produzioni video / *Video Production*
The Factory Prd

Digital Marketing
Vertical Media
INTK
Hubove Studio

Coordinamento tecnologie
Technological Coordination
Matteo Lotti Margotti

Responsabile della sicurezza DM569
Head of Security DM569
Ulderigo Frusi

Responsabile del servizio prevenzione
e protezione / *Head of Prevention*
and Protection
Valentina Zugheri

Assistenza e manutenzione impianti
elettrici / *Electrical System*
Bagnoli s.r.l.

Assistenza e manutenzione impianti
d'allarme / *Alarm System*
Professional Security s.r.l.

Servizio pulizia / *Cleaning Service*
COOPLAT

Ringraziamenti / *Acknowledgements*
La Fondazione Palazzo Strozzi è profondamente riconoscente a tutti coloro che a vario titolo hanno reso possibile la realizzazione di *Shy Society*, in particolar modo agli artisti e a RZA / Fondazione Palazzo Strozzi is deeply grateful to everyone who has contributed to the realization of *Shy Society*, especially to the artists and RZA.

Si ringrazia la Fondazione Hillary Merkus Recordati e il Presidente Andy Bianchedi per il sostegno all'iniziativa, parte del programma di attività "Palazzo Strozzi Future Art" / We would like to thank the Fondazione Hillary Merkus Recordati and its President, Andy Bianchedi, for their support of the initiative, part of the "Palazzo Strozzi Future Art" program.

Grazie alla Soprintendenza Archeologia, Belle Arti e Paesaggio per la Città Metropolitana di Firenze e le province di Pistoia e Prato e in particolar modo alla Soprintendente Antonella Ranaldi e all'architetto Francesca Fabiani / Thanks to Soprintendenza Archeologia, Belle Arti e Paesaggio per la Città Metropolitana di Firenze e le province di Pistoia e Prato and especially to Soprintendente Antonella Ranaldi and architect Francesca Fabiani.

Uno speciale ringraziamento va a Jerome Hadey e Villa Lena Foundation per aver collaborato in maniera determinante al progetto / A special thanks goes to Jerome Hadey and the Villa Lena Foundation for their crucial collaboration on the project.

Per il sostegno alle attività della Fondazione Palazzo Strozzi si ringraziano i Patron di Palazzo Strozzi / Thanks to Palazzo Strozzi's Patrons for supporting the activities of Fondazione Palazzo Strozzi: Rita Abbate, Cecilia Adorni Braccesi, Giuseppe Alleruzzo, Benedetta Angioni, Valentina Artini, Silvia Asso Bufalini, Raoul Bajaj, Silvana Ballotta, Ida Barberis Cangioli, Elisa Beatrice Bardazzi, Fabio Bechelli, Giovanni Belloni, Giulia Belloni, Alberto Bianchi, Francesca Bignami, Alatia Bradley Bach, Prahlad Bubbar, Sigifredo di Canossa, Fabrizio Caprotti, Roberto Casamonti, Donatella Cavallina Semplici, Gastone e / and Maria Teresa Chelini, Stefania Chipa, Nora Dearden, Joshua Dick, Zelal Elbistan, Tommaso Ficari, Teresa Fichera Becagli, Morgan Fiumi, Enrico Frascione, Vittorio Gaddi, Silvia Geddes, Carlo Gentili, Lorenzo Ghetti, Lionardo Ginori Lisci, Ginevra Giovannoni, Claudio Girardi, Giuseppina Letizia Girardi, Vittoria Gondi, Luca Guicciardini Corsi Salviati, Luziah Hennessy, Patrick Hoffer, Roberto Lombardi, Lorenzo Lori, Margherita Loy, Ekaterina Luki, Gaetano Maccaferri, Niccolò Manetti, Donato Massaro, Massimo Menozzi, Elsa Michael, Jacopo Morelli, Mirta Moretti, Raffaello Napoleone, Carlo e / and Rosella Nesi, Niccolò e / and Stefania Nesi, Marco Paletta, Maria Papadaki Badanjak, Clarice Pecori Giraldi, Simone Pesi, Leonardo Pinzauti, Maria Ricceri, Maurizio Rigillo, Giovanni Carlo Rimbotti, Eriberto Rosso, Laura Santobelli, Monica Sarti, Giulia Secci, Giulio Zambeletti, Silvio Zuccarini.

DRIFT

Lonneke Gordijn & Ralph Nauta

PRODUZIONE / PRODUCTION

Production Manager
Responsabile della produzione
Baiba Soma

Collaboratori alla produzione
Production Employees
Jaap de Kort
Elisa Piazzi

SVILUPPO / DEVELOPMENT

Ingegneri del software / *Software Engineers*
Tim Groeneboom
Lesley van Hoek

Responsabile creativa / *Creative Lead*
Development
Sarah Michel

Responsabile del progetto di sviluppo
Project Manager Development
Diederik Sonneveld

PROGETTI FUTURI / FUTURE PROJECTS

Responsabile dei progetti futuri
Head of Future Projects
Floor van Eekeren

Referente dei progetti futuri
Future Projects Manager
Anna Kopf

Responsabile PR e comunicazione
PR & Communications Manager
Louise Snouck Hurgronje

Tirocinante PR e comunicazione
PR & Communications Intern
Delora Ngo

Responsabile mostre / *Head of Exhibitions*
Bram Prins

Visual Designer
Thierry Syriani

Responsabile coreografia
Lead Choreography
Inez van der Velden

FONDAZIONE PALAZZO STROZZI

Sostenitori / *Supporters*
Comune di Firenze
Regione Toscana
Città Metropolitana di Firenze
Camera di Commercio di Firenze

Fondazione CR Firenze
Intesa Sanpaolo
Fondazione Hillary Merkus Recordati
Comitato dei Partner di Palazzo Strozzi

Presidente / *President*
Giuseppe Morbidelli

Consiglieri di amministrazione
Board of Trustees
Leonardo Ferragamo
(*Presidente onorario* / *Honorary President*)
Giacomo Bei
Andy Bianchedi
Aldo Cursano
Lionardo Ginori Lisci
Jacopo Mazzei

Collegio dei revisori dei conti / *Auditors*
Lorenzo Parrini
(*Presidente* / *President*)
Leonardo Focardi
Roberto Franceschi

Direttore generale / *Director General*
Arturo Galansino

Comitato scientifico / *Scientific Committee*
Cristina Acidini
Nicholas Cullinan
Christian Levett
Xavier Francesco Salomon
Victoria Siddall

Direzione esecutiva / *Executive Director*
Antonella Loiero

Curatrice / *Curator*
Ludovica Sebregondi

ATTIVITÀ ESPOSITIVE
EXHIBITIONS

Coordinamento mostre / *Exhibition*
Coordinator, Senior registrar
Linda Pacifici

Registrar
Cristina Camaiti

Coordinamento produzione / *Production*
Coordinator, Registrar
Fiorella Nicosia

Assistant Registrar
Letizia Rossello

PROMOZIONE E DEVELOPMENT
PROMOTION AND DEVELOPMENT

Responsabile development e relazioni
esterne / *Head of Development*
and External Relations
Riccardo Lami

Ufficio stampa / *Press Office*
Lavinia Rinaldi

Immagini e diritti di riproduzione
Image Rights and Reproductions
Manuela Bersotti

Comunicazione digitale e social media
Digital Communication and Social Media
Matthias Favarato

Eventi e membership
Events and Membership
Alice Dainese

Marketing e vendite / *Marketing and Sales*
Valeria Croce

EDUCAZIONE / EDUCATION

Famiglie, scuole e progetti di accessibilità
Families, Schools, and Access Programs
Irene Balzani

Università, accademie e public program
Universities, Academies, and Public
Programs
Martino Margheri

AMMINISTRAZIONE / ADMINISTRATION

Responsabile amministrativo
Head of Administration
Luca Bartoli

Contabilità / *Accounts*
Simona Tecà

Finanza e development
Finance and Development
Egle Castellana

Segreteria e assistenza alla Direzione
Secretariat and Assistant to the Director
Silvia Michelotti

Logistica e manutenzione
Logistics and Maintenance
Cristian Dianò

Consulenza fiscale e tributaria
Fiscal Office
Pietro Longari

Consulenza legale / *Legal Office*
Ginevra Giovannoni,
Studio Legale Contri
Elisa Burlamacchi
Nicola L. de Renzis Sonnino
Lorenzo Bombacci

COMITATO DEI PARTNER DI PALAZZO
STROZZI / PALAZZO STROZZI PARTNERS
COMMITTEE

Circle
Christian Levett
Salvatore Ferragamo
Rocco Forte Hotels
Deloitte
Findomestic Banca - Gruppo BNP
Paribas
Amanda Platek
Maria Manetti Shrem
Palazzo Strozzi Foundation USA

Partners
AON
Caroline e Eric Freymond
Cuoio di Toscana
Enegan
Gruppo Beyfin
Gucci
Publiacqua
Quid Informatica
Toscana Aeroporti

Ambrogio e Giovanni Folonari
Arianne e Reinold Geiger
Arterìa
Ashley Levett e Kaitlin Kraemer
Associazione Industriali Firenze
Banor
BS Business Strategies
Filpucci
Gruppo E
IED
Istituto Marangoni Firenze
Marchesi Antinori
Marchesi de' Frescobaldi
Mario Cristiani
Niccolò e Lisa Quaratesi d'Achiardi
Pandolfini Casa d'Aste
Podere Sapaio
Starhotels
Villa Lena

Special Partners
Archea Associati
Boston Consulting Group
RTV 38

Il progetto *Palazzo Strozzi Future Art* in collaborazione tra le Fondazioni Palazzo Strozzi e Hillary Merkus Recordati ha da sempre voluto rispettare due obiettivi primari: sostenere l'arte e sviluppare partecipazione e condivisione attiva. Tutto questo in un mondo che va di fretta, troppo di fretta, ma in cui pensare, riflettere, dimostrare stupore e meraviglia non devono più rappresentare un confine invalicabile.

Le nostre promesse, che credo di aver mantenuto e tutelato in questi anni, si concretizzano in un reale sostegno all'arte, all'accessibilità e all'innovazione. L'arte pubblica, fruibile, per chiunque, senza alcuna distinzione o preconcetto, ha permeato tutte le iniziative della nostra Fondazione in un contesto progettuale pluriennale. Ed è proprio ciò che vorremmo rimanesse impresso con rispetto in ogni anima che incontriamo o incontreremo nei meandri delle nostre idee.

Diamo stavolta il via quindi a un'osmosi virtuosa con il gruppo DRIFT, giovani artisti olandesi che hanno fatto delle esperienze immersive e meditative la loro cifra stilistica, navigando senza timore nel mare magnum della complessa relazione tra il singolo individuo e quella collettività che si apre attorno a noi senza capirne immediatamente gli effettivi contorni. Un alone scintillante di meraviglia e stupore avvolge, come una morbida coperta, tutti coloro che avranno la fortuna di entrare in questo magico labirinto di creatività, tecnologia e sogno. Una dimensione adattativa, da contemplare con menti aperte e coraggiose, in un percorso onirico all'interno dello straordinario cortile di Palazzo Strozzi, maestosa e visionaria sede della maggior parte delle nostre iniziative pubbliche site-specific.

I sette fiori che si muovono nel tempo e nello spazio, oltre la semplice cognizione visiva, incanalano le emozioni di ognuno di noi in una sorta di viaggio tra metamorfosi e tecnologia, tra stimoli sensoriali e irreversibile evoluzione. Ci muoviamo, passo dopo passo, in un Rinascimento contemporaneo che guarda avanti, forse ben oltre il futuro, al di là di ogni arcobaleno possibile, alla ricerca personale della più piccola scintilla nell'angolo più recondito dei nostri cuori messi così a nudo dalla fantasia e dalle gocce di salvifica immaginazione che piovono dolcemente dal cielo sterminato e stupefacente sopra di noi.

Andy Bianchedi
Presidente Fondazione Hillary Merkus Recordati

The *Palazzo Strozzi Future Art* project, a joint venture between the Palazzo Strozzi and Hillary Merkus Recordati Foundations, has always had two main objectives: supporting art, and promoting an active participation and exchange. We do this in a world that is moving fast, far too fast; and yet thinking, reflecting, showing amazement and wonder should no longer represent an unsurmountable boundary. I believe I have upheld and protected our promises throughout all these years; their culmination: a true support of art, accessibility, and innovation. Art—public, available, for everyone, without distinctions or preconceptions—has permeated all of the Foundation's activities over many years of projects. This is the impression we respectfully hope to impress upon every soul we have encountered or will encounter in the meanders of our ideas. This time, we are initiating a virtuous osmosis with DRIFT, art duo whose distinguishing feature is their penchant for immersive and meditative experiences, fearlessly navigating the ocean of complex relations between the individual and the community around us whose actual contours aren't immediately clear. A sparkling halo of wonder and amazement will envelop, like a soft blanket, those who are lucky enough to enter this magical labyrinth of creativity, technology, and dreams. It is a welcoming dimension that should be contemplated with a brave and open mind, weaving a dreamlike path through the extraordinary courtyard of Palazzo Strozzi—the majestic, visionary location of most of our site-specific public initiatives. The seven flowers moving in time and space involve more than just visual perception, channeling our emotions into a sort of journey through metamorphosis and technology, sensory stimuli and irreversible evolution. We move, one step at a time, through a contemporary Renaissance that looks ahead, possibly well past the future, beyond any possible rainbow, in a personal quest to unearth the tiniest spark in the remotest corner of our hearts laid bare by creativity and the drops of redemptive imagination falling softly from the astonishing and boundless sky above.

Andy Bianchedi
President of the Hillary Merkus Recordati Foundation

Con *Shy Society* Palazzo Strozzi si trasforma ancora una volta in un crocevia tra passato e futuro, dove l'arte contemporanea riscrive il linguaggio della tradizione rinascimentale. L'installazione site-specific di DRIFT, duo olandese celebre per la fusione tra natura, tecnologia e poesia visiva, ridefinisce infatti lo spazio del cortile con un'opera vibrante di luce e movimento, creando uno spazio immersivo e multisensoriale. Un progetto innovativo che invita a una necessaria riflessione sul rapporto tra adattamento naturale e cambiamento tecnologico.

La coreografia dei grandi fiori, ispirata ai cicli naturali, è regolata da un software che imita i movimenti delle piante in risposta all'ambiente circostante, evocando la nictinastia, fenomeno per cui alcune specie si chiudono al calar della notte per proteggere le proprie risorse. L'installazione crea così un parallelismo tra natura e condizione umana, spingendo a riflettere sull'adattamento come elemento essenziale della nostra esistenza.

Il cortile rinascimentale diventa così il palcoscenico di uno spettacolo simbolico tutto da meditare, in ordine alle implicazioni ecologiche e sulla capacità di adattamento in un mondo in costante trasformazione.

DRIFT prosegue la sua esplorazione del dialogo tra opposti – natura e artificio, conoscenza e intuizione, scienza e poesia – facendo di *Shy Society* non solo un'installazione di grande bellezza estetica, ma anche un'occasione di riflessione sul nostro rapporto con l'ambiente e con il tempo.

Questo affascinante progetto non sarebbe stato possibile senza il costante supporto della Fondazione Hillary Merkus Recordati, che ci consente di presentare al pubblico opere di artisti di rilievo internazionale. Un ringraziamento va inoltre ai sostenitori pubblici della Fondazione Palazzo Strozzi – Comune di Firenze, Regione Toscana, Città Metropolitana di Firenze e Camera di Commercio – e ai nostri partner privati, in particolare Fondazione CR Firenze e Intesa Sanpaolo.

Giuseppe Morbidelli
Presidente Fondazione Palazzo Strozzi

Shy Society once again transforms Palazzo Strozzi into a crossroads of past and future, where contemporary art rewrites the language of Renaissance tradition. This site-specific installation by DRIFT, a Dutch duo famous for combining nature, technology, and visual poetry, redefines the space of the courtyard with a vibrant work of art, alive with light and movement, creating an immersive, multisensorial space. It is an innovative project that stimulates a necessary reflection on the relationship between natural adaptation and technological change.

Inspired by natural cycles, the choreography of the large flowers is regulated by a software that imitates the movements of plants responding to their environment, evoking the concept of nyctinasty, a phenomenon that makes certain species close their blossoms during the night to protect their resources. In this manner, the installation creates a parallel between nature and the human condition, inducing us to reflect on adaptation as an essential element of our existence.

Thus, the Renaissance courtyard becomes the stage for a symbolic performance that induces reflection on the ecological implications and the capacity for adaptation of a world in constant transformation.

DRIFT continues its exploration of the dialog between opposites—nature and artifice, knowledge and intuition, science and poetry—rendering *Shy Society* not just an extremely beautiful installation, but also an occasion to reflect on our relationship with time and the environment.

This fascinating project would not have been possible without the constant support of the Hillary Merkus Recordati Foundation, which allows us to introduce the public to the work of extremely relevant international artists. Our thanks also go to the public supporters of the Palazzo Strozzi Foundation—the City of Florence, Regione Toscana, and the Chamber of Commerce—as well as our private partners, among whom Fondazione CR Firenze and Intesa Sanpaolo.

Giuseppe Morbidelli
President of the Palazzo Strozzi Foundation

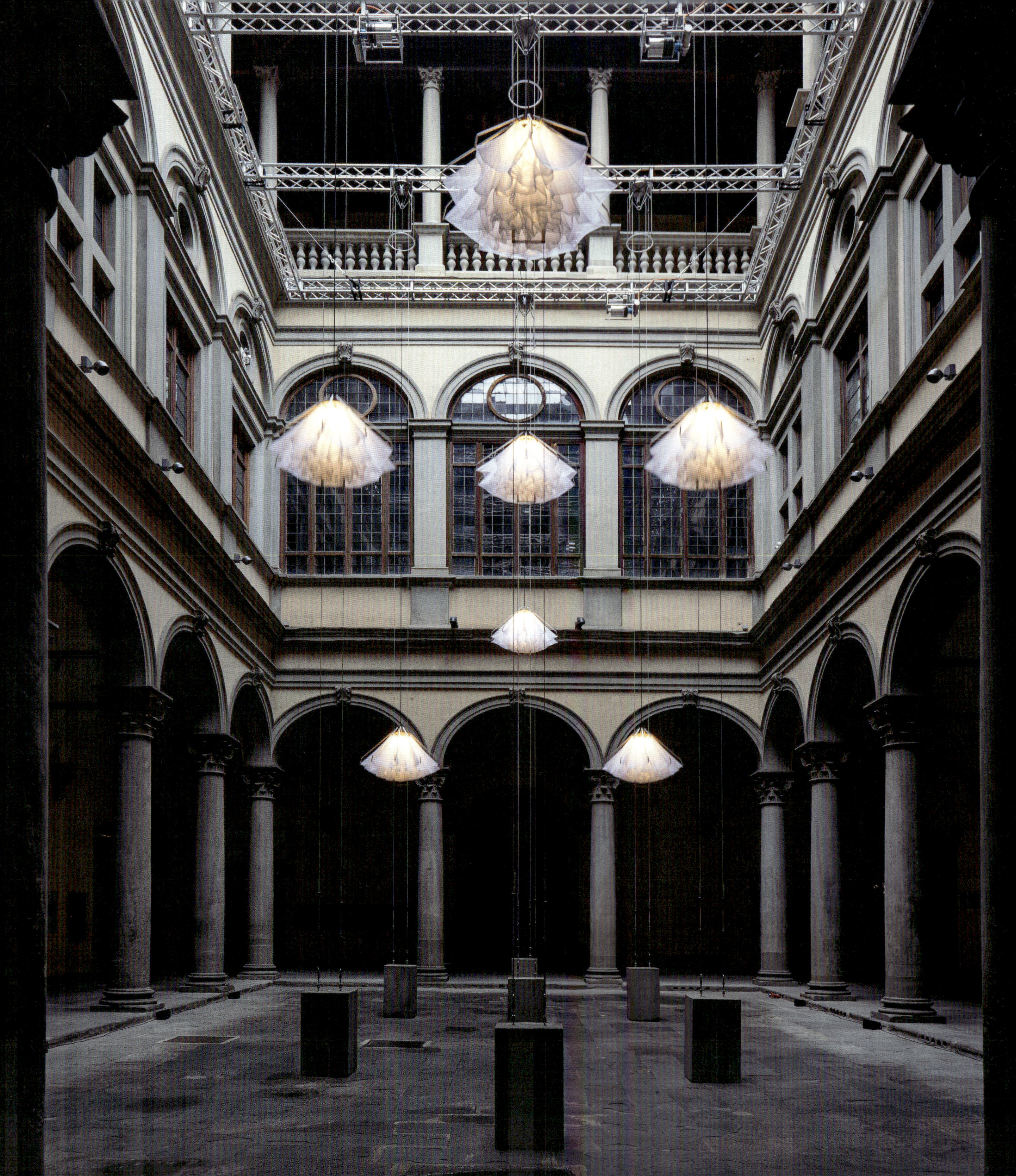

DRIFT: THE AWE BETWEEN NATURE AND TECHNOLOGY
ARTURO GALANSINO

"By definition art is an anthropological practice . . . the role of the artist is to unveil codes not yet articulated within a culture . . . to look for new forms known but as yet not understood."[1]

"People find the time to look at art within a gallery setting, but the world is one big exhibition if you only care to look."[2]

DRIFT, founded in 2007 by Lonneke Gordijn and Ralph Nauta, stands out for its ability to create installations that foster a dialogue between nature, technology, and humanity. With works ranging from kinetic sculptures to aerial performances with drones, DRIFT explores the boundaries between the worlds of nature and artifice, using technological innovation as a tool to reveal hidden connections and raise fundamental questions about our role within the reality that surrounds us.
Hosting within the harmonious and meticulously measured spaces of Palazzo Strozzi an art so deeply rooted in contemporary culture such as DRIFT's, means conceptually intertwining it with the Renaissance, a period when art and science collaborated to explore a deeper understanding of reality.
DRIFT's works are characterized by an interdisciplinary approach that integrates art, science, and technology in unexpected ways. Through the use of advanced technological tools, the art duo not only transforms the physical space in which the works are displayed, but also invites the audience to reflect on the relationship between humans and their environment, challenging perceptions of reality through aesthetics, science, and innovation.

THE ROOTS OF DRIFT'S WORK

"We re-connect humanity with nature through technology."[3]

The DRIFT project was born from the encounter of two different yet complementary artistic visions. Lonneke Gordijn has always had a strong bond with nature and its processes. Having grown up observing the beauty and complexity of natural ecosystems, Gordijn developed a deep respect for the biological

DRIFT. LA MERAVIGLIA TRA NATURA E TECNOLOGIA
ARTURO GALANSINO

«L'arte è, per definizione, una pratica antropologica […] il ruolo dell'artista consiste nello svelare codici che ancora non sono stati elaborati all'interno di una cultura […] cercando forme nuove, conosciute ma ancora incomprese»[1].

«Le persone trovano il tempo per godersi l'arte all'interno di uno spazio espositivo, ma a ben guardare il mondo è tutto una grande mostra»[2].

DRIFT, fondato nel 2007 dagli artisti olandesi Lonneke Gordijn e Ralph Nauta, si distingue per la capacità di creare installazioni che mettono in dialogo la natura, la tecnologia e l'essere umano. Attraverso opere che spaziano dalle sculture cinetiche a performance aeree con droni, DRIFT esplora i confini tra il mondo naturale e quello artificiale, utilizzando l'innovazione tecnologica come strumento per rivelare connessioni nascoste e per sollevare domande fondamentali sul nostro ruolo all'interno della realtà che ci circonda. Ospitare negli spazi armoniosi e rigorosamente misurati di Palazzo Strozzi l'arte di DRIFT, così profondamente ancorata alla contemporaneità, vuol dire intrecciarla concettualmente con il Rinascimento, periodo in cui arte e scienza collaboravano per esplorare una comprensione più profonda della realtà. Le opere di DRIFT sono caratterizzate da un approccio interdisciplinare, che integra arte, scienza e tecnologia in modi inaspettati. Attraverso l'uso di strumenti tecnologici avanzati, il duo di artisti non solo trasforma lo spazio fisico in cui le opere vengono esposte, ma invita il pubblico a riflettere sulla relazione tra l'uomo e il suo ambiente, sfidando la percezione della realtà attraverso l'estetica, la scienza e l'innovazione.

LE RADICI DEL LAVORO DI DRIFT

«Usiamo la tecnologia per riconnettere gli esseri umani con la natura»[3].

Il progetto DRIFT è nato dall'incontro di due visioni artistiche diverse ma complementari. Lonneke Gordijn ha sempre avuto un forte legame con la natura e i suoi processi. Cresciuta osservando la bellezza e la complessità degli ecosistemi naturali, Gordijn ha sviluppato un profondo rispetto per i meccanismi biologici

mechanisms that regulate life on Earth. Ralph Nauta, on the other hand, was fascinated by technology and science fiction from a young age, seeing scientific progress as a means to expand the boundaries of human perception and create new, innovative worlds. This blend of influences has given rise to an artistic language that exists at the intersection of nature and technology, exploring the points of convergence between these two seemingly opposite realms.

Their primary aim is to use technology to celebrate and understand nature, rather than dominate or manipulate it. For DRIFT, technology is a tool to unveil the invisible connections that govern the natural world, to explore hidden dynamics, and to offer new perspectives on how humanity interacts with its environment. DRIFT's works are not merely aesthetic experiments; they are profound reflections on existential themes, such as the interconnectedness between individuals and the natural world.

As Marina Abramović has stated, "DRIFT is not just another design studio. It is a laboratory inventing and researching new ways of perceiving OBJECTS – LIGHT – SPACE. I love what they do because their work is original and daring."[4] With these words, Marina Abramović highlighted not only DRIFT's technical innovation but also their visionary approach, capable of redefining the boundaries between art, design, and technology in a pioneering and courageous way.

↓ **La performance**
***Franchise Freedom*, Miami, Art Basel Miami, 2017**
The performance *Franchise Freedom*, Art Basel Miami, Miami, 2017

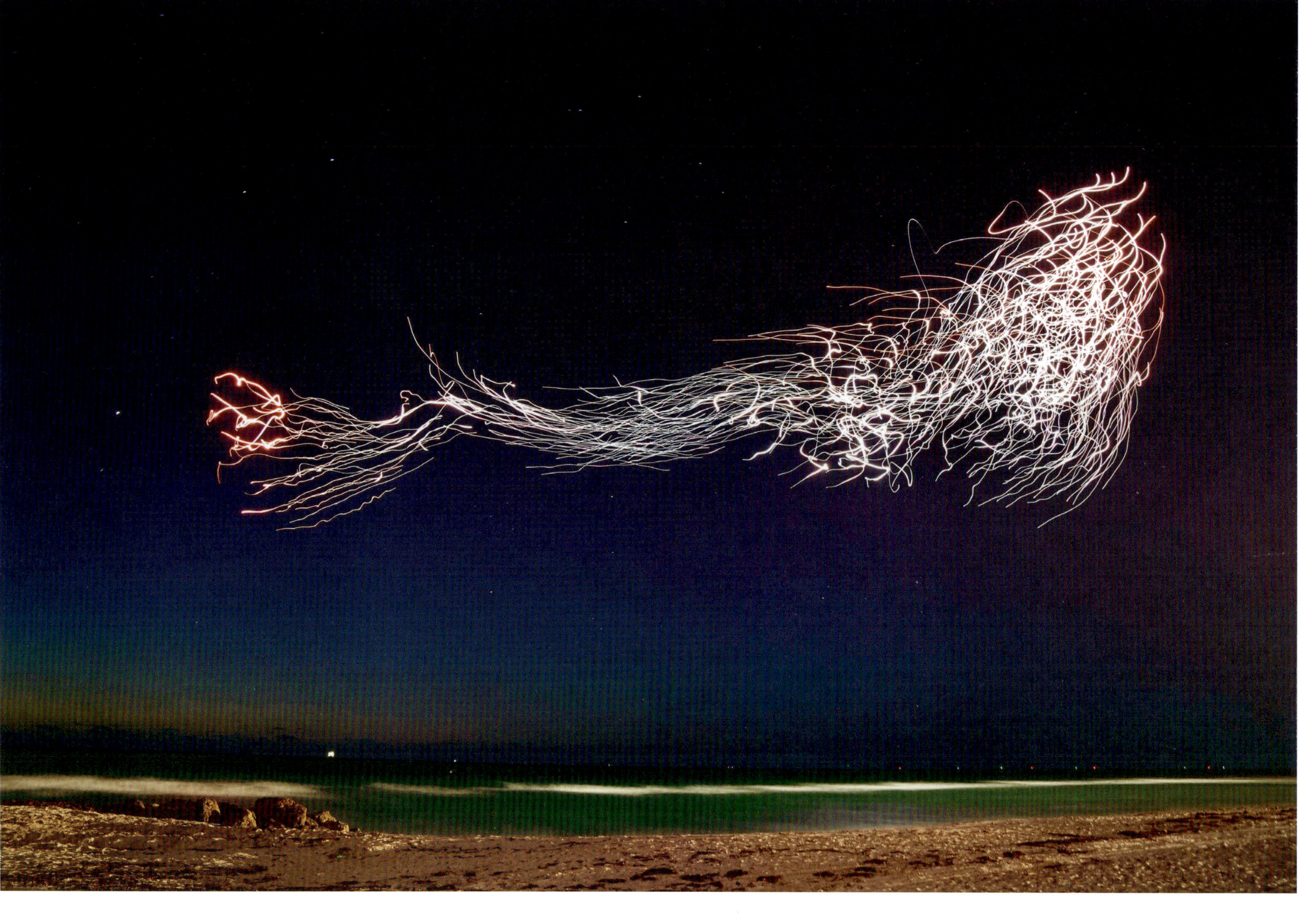

che regolano la vita sulla Terra. Ralph Nauta, invece, è stato fin da giovane affascinato dalla tecnologia e dalla fantascienza, vedendo nel progresso scientifico un modo per espandere i confini della percezione umana e per creare mondi inediti e innovativi. Questa combinazione di influenze ha portato a un linguaggio artistico che si situa all'intersezione tra natura e tecnologia, esplorando i punti di incontro tra questi due mondi apparentemente opposti.

Il loro obiettivo principale è quello di utilizzare la tecnologia per celebrare e comprendere la natura, piuttosto che per dominarla o manipolarla. Per DRIFT la tecnologia è uno strumento che consente di rivelare le connessioni invisibili che governano il mondo naturale, di esplorare le dinamiche nascoste e di offrire nuove prospettive su come l'umanità interagisce con il proprio ambiente. Le opere di DRIFT non sono solo esperimenti estetici, ma vere e proprie riflessioni su temi esistenziali profondi, come l'interconnessione tra gli individui e il mondo naturale.

«DRIFT non è semplicemente un altro studio di design. È un vero e proprio laboratorio che inventa e ricerca nuovi modi di percepire OGGETTI – LUCE – SPAZIO. Amo il loro lavoro perché è originale e audace»[4]. Con queste parole Marina Abramović ha evidenziato non solo l'innovazione tecnica, ma anche l'approccio visionario di DRIFT, capace di ridefinire i confini tra arte, design e tecnologia in modo pionieristico e coraggioso.

FRANCHISE FREEDOM E *FLYLIGHT*: SIMBOLI DI LIBERTÀ COLLETTIVA

> «C'è una bellezza straordinaria nelle decisioni improvvise di migliaia di esemplari e nelle loro reazioni reciproche. Se ogni uccello agisse in modo indipendente il risultato sarebbe il caos assoluto. Come gli uccelli, anche gli esseri umani trovano sicurezza nei grandi numeri, e sono dunque costretti a seguire una serie di regole comportamentali alla base del funzionamento della società. L'individuo che preferisce la libertà individuale a tali regole è costretto a operare al di fuori della società. Qual è il perfetto equilibrio tra i due estremi?»[5].

Uno degli esempi più emblematici del lavoro di DRIFT è *Franchise Freedom*, un'installazione performativa che ha debuttato ad Art Basel Miami nel 2017. Quest'opera, realizzata con l'uso di centinaia di droni che volano in sincronia, ricrea i movimenti di uno stormo di uccelli nel cielo notturno. Il volo degli stormi, un fenomeno naturale che ha sempre affascinato Lonneke Gordijn e Ralph Nauta, rappresenta l'equilibrio tra indipendenza personale e coordinazione collettiva. In *Franchise Freedom* ogni drone rappresenta un individuo autonomo che si muove liberamente nello spazio, ma sempre in armonia con il resto del gruppo. Questo equilibrio tra individualismo e collettività è al centro dell'opera, che riflette su come la libertà personale e la cooperazione sociale siano profondamente interconnesse.

La tecnologia dei droni, progettata per seguire complessi algoritmi basati su modelli naturali di comportamento, diventa il mezzo con cui DRIFT esplora la dinamica tra l'individuo e la società, suggerendo che perfino nel mondo naturale il comportamento collettivo è il risultato di scelte individuali, ma anche di una stretta interdipendenza. Quest'opera, frutto di anni di ricerca e sperimentazione, ha visto DRIFT collaborare con aziende specializzate come Drone Stories e Nova Skystories per sviluppare un sistema che permette ai droni di volare in modo sincronizzato, senza perdere l'autonomia individuale. Tuttavia, *Franchise Freedom* non è solo una dimostrazione di competenza tecnologica, come tutte le opere di DRIFT, ma è anche un lavoro concettuale e dal risvolto filosofico che pone interrogativi sulla natura della libertà e sull'importanza delle connessioni interpersonali. Questo processo ha portato anche alla nascita di un'industria interamente dedicata alle performance con i droni.

La performance ha avuto un impatto internazionale ed è stata eseguita in contesti diversi: al festival *Burning Man*, nel 2018, il pubblico ha assistito a *Franchise Freedom* nel vasto paesaggio del deserto del Nevada, simbolo di come l'innovazione possa coesistere con la bellezza naturale.

Ogni performance di *Franchise Freedom* – che ha ricevuto riconoscimenti per la sua capacità di trasformare lo spazio circostante creando un dialogo tra paesaggio e tecnologia – è unica, poiché i droni si adattano all'ambiente in cui volano, creando nuove forme di interazione visiva con lo spazio e il pubblico. Questo approccio site-specific è una delle caratteristiche distintive del lavoro di DRIFT, il cui obiettivo è creare lavori che interagiscano attivamente con l'ambiente, generando nuovi significati in ogni contesto.

FRANCHISE FREEDOM AND *FLYLIGHT*: SYMBOLS OF COLLECTIVE FREEDOM

> "There is a tremendous beauty in watching these sudden decisions of thousands of individuals and their reactions to one another. If every bird were to operate on its own, complete chaos would be the result. Just like birds, people find safety in a group, while at the same time they are forced to act according to a set of rules on which society functions. One who chooses complete individual freedom above these rules is forced to operate outside of society. What is the perfect balance between the two?"[5]

One of the most emblematic examples of DRIFT's work is *Franchise Freedom*, a performative installation that debuted at Art Basel Miami in 2017. This piece, created using hundreds of synchronized drones, recreates the movements of a flock of birds in the night sky. The flight patterns of flocks, a natural phenomenon that has always fascinated Lonneke Gordijn and Ralph Nauta, represent the balance between individual freedom and collective coordination. In *Franchise Freedom*, each drone represents an autonomous individual moving freely through space, yet always in harmony with the group. This balance between individualism and collectivity is central to the work, reflecting on how personal freedom and social cooperation are deeply interconnected.

Drone technology, designed to follow complex algorithms based on natural behavior patterns, becomes DRIFT's means of exploring the dynamics between the individual and society, suggesting that even in the natural world, collective behavior is the result of individual choices, yet also of close interdependence. This work, which required years of research and technological development, was realized in collaboration with specialized companies such as Drone Stories and Nova Skystories, who developed the system that allows the drones to fly synchronously without losing their individual autonomy. However, *Franchise Freedom* is not merely a demonstration of technological prowess; like all of DRIFT's works, it is also a conceptual and philosophical piece that invites the viewer to reflect on the nature of freedom and the importance of interpersonal connections. This process also resulted in the creation of a whole industry focusing on performances using drones.

This piece has had an international impact and has been staged in various contexts. At the 2018 Burning Man festival, the audience experienced *Franchise Freedom* against the boundless backdrop of the Nevada desert, symbolizing how innovation can coexist with natural beauty.

Each performance of *Franchise Freedom*—celebrated for its ability to transform its surroundings by creating a dialogue between landscape and technology—is unique, as the drones adapt to the environment in which they move, creating new forms of visual interaction with the space and the audience. This site-specific approach is one of DRIFT's distinctive traits, aiming to create works that actively engage with their environment, generating new meanings in every context.

Another significant example of this exploration of the dynamics between groups and individuals is *Flylight*, which, like *Franchise Freedom*, mimics the behavior of a flock of birds. However, while *Franchise Freedom* uses flying drones, *Flylight* consists of glass tubes that light up unpredictably, partially reacting to external stimuli. The lighting pattern is not pre-programmed but includes an interactive component that reflects the spontaneous organization of a flock.

The piece raises questions about the delicate balance between the group and the individual. Just as birds find safety in numbers, people, too, tend to find stability within a social group, yet they are also compelled to follow a set of rules upon which society is founded. Those who choose individual freedom above these rules often find themselves operating on the margins of society. *Flylight* invites us to reflect on where the perfect balance lies between individual freedom and collective dynamics, and how these opposing forces can coexist in harmony.

Both works, *Franchise Freedom* and *Flylight*, demonstrate DRIFT's interest in the complexity of social and natural dynamics, using technology to explore and translate into art the mechanisms of collective and individual behavior.

SOCIAL SACRIFICE: IMITATING THE FORCES OF NATURE

> "True evolution comes from adaptation and from getting into unknown and uncomfortable situations, to learn and become better. We have a massive challenge ahead of us. If we

Un altro esempio significativo di questa esplorazione della dinamica tra gruppo e individuo è *Flylight* che, come *Franchise Freedom*, imita il comportamento di uno stormo di uccelli. Tuttavia, mentre *Franchise Freedom* utilizza droni in volo, *Flylight* è composta da tubi di vetro che si illuminano in modo imprevedibile, reagendo parzialmente agli stimoli esterni. Lo schema di illuminazione non è pre-programmato, ma presenta una componente interattiva che riflette l'organizzazione spontanea di uno stormo di uccelli.

L'opera pone interrogativi sul delicato equilibrio tra il gruppo e l'individuo. Proprio come gli uccelli trovano sicurezza nello stormo, anche le persone tendono a trovare stabilità all'interno di un gruppo sociale, ma sono allo stesso tempo costrette a seguire un insieme di regole su cui si fonda la società. Chi sceglie la libertà individuale al di sopra di queste regole si trova spesso a operare ai margini della società. *Flylight* spinge a interrogarsi su dove si trovi il perfetto equilibrio tra autonomia personale e dinamiche collettive, e su come queste forze contrastanti possano coesistere in armonia.

Entrambe le opere, *Franchise Freedom* e *Flylight*, dimostrano l'interesse di DRIFT per la complessità delle dinamiche sociali e naturali, utilizzando la tecnologia per esplorare e tradurre in arte i meccanismi di comportamento collettivo e individuale.

SOCIAL SACRIFICE: LA TECNOLOGIA CHE IMITA LA NATURA

> «La vera evoluzione deriva dall'adattamento e dalla gestione di situazioni spiacevoli e sconosciute che ci portano ad apprendere e migliorare. Ci attende una sfida immensa. Se riusciremo a comprendere come funziona la natura quando le circostanze sono incerte, sarà più facile accettare che dobbiamo fare un passo alla volta, cambiando e adattandoci costantemente per continuare a far parte dell'evoluzione di questa terra»[6].

Come *Franchise Freedom* e *Flylight*, anche *Social Sacrifice* offre una riflessione poetica sulle tensioni tra l'autonomia individuale e l'interdipendenza collettiva, ispirandosi ai movimenti sincronizzati di stormi di uccelli e banchi di pesci attraverso coreografie ipnotiche di droni. Con *Social Sacrifice*, alla Biennale di Venezia del 2022, DRIFT ha portato questa esplorazione a un nuovo livello, creando la prima installazione di

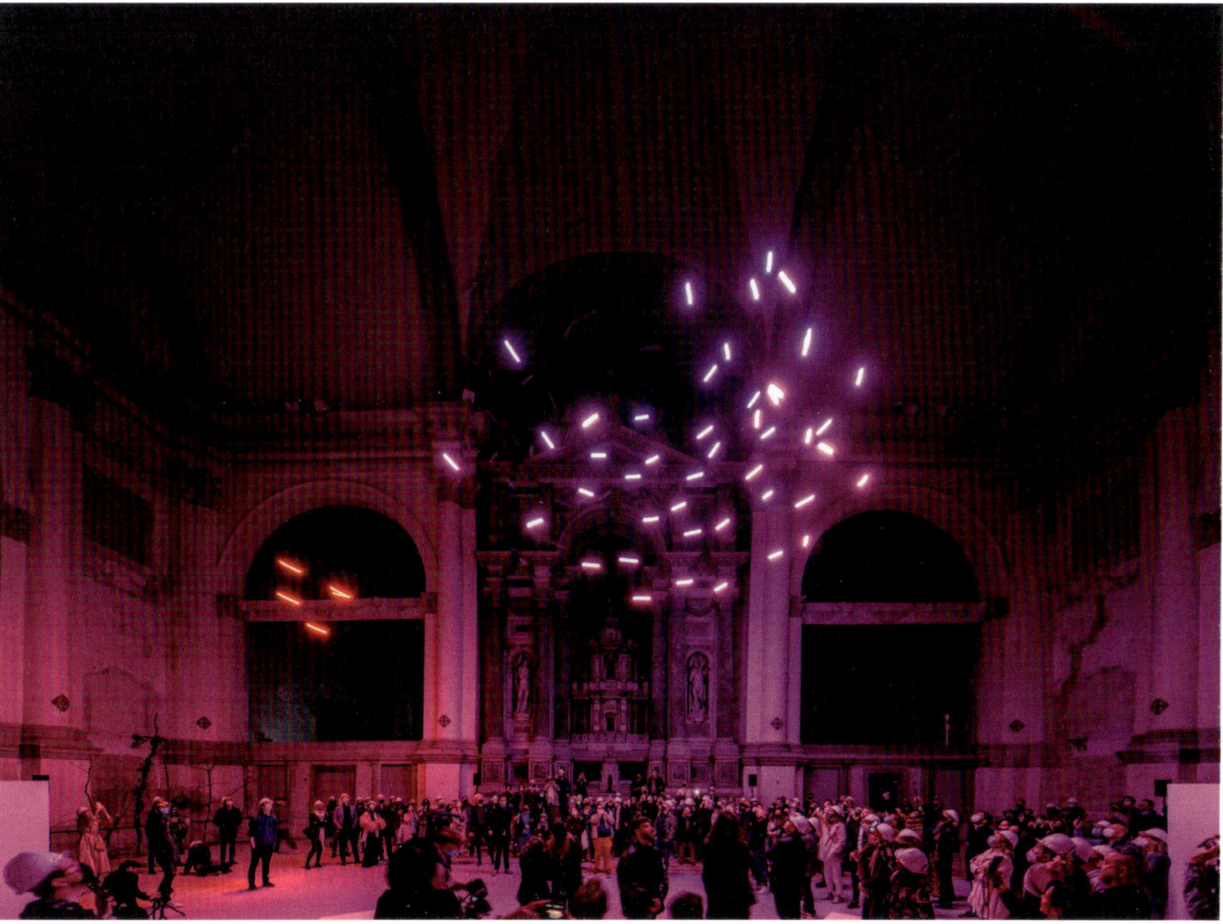

→ Veduta della performance *Social Sacrifice*, Venezia, chiesa di San Lorenzo, 2022
The performance *Social Sacrifice*, Church of San Lorenzo, Venice, 2022

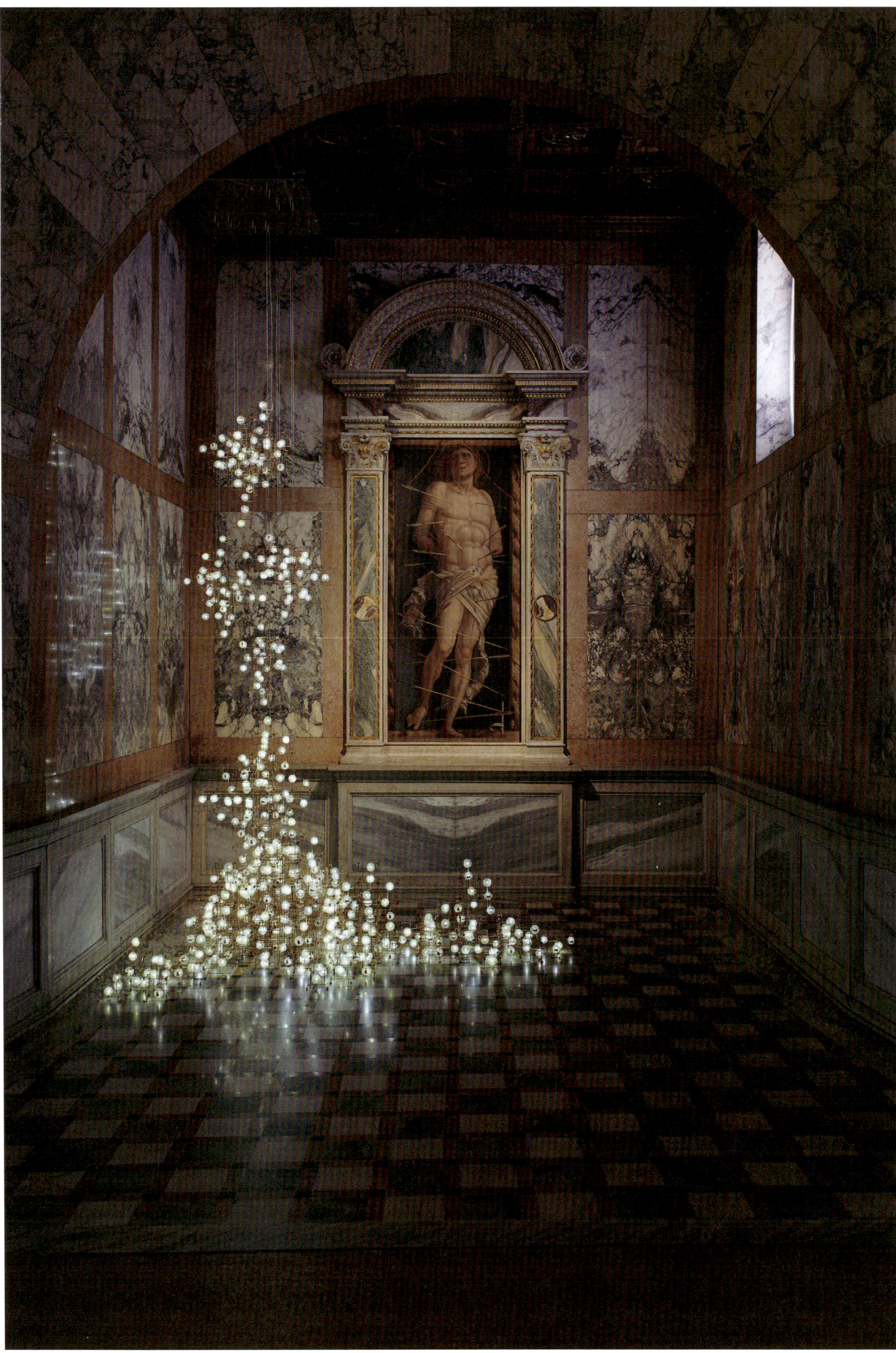

← Veduta dell'installazione
Fragile Future esposta
alla mostra *Dysfunctional*,
Venezia, Galleria Giorgio
Franchetti alla Ca' d'Oro,
2019
Installation view of *Fragile
Future* at the *Dysfunctional*
exhibition, Galleria Giorgio
Franchetti alla Ca' d'Oro,
Venice, 2019

droni all'interno di uno spazio chiuso: la chiesa di San Lorenzo. Anche in questo caso i droni rappresentavano movimenti naturali, ma qui la narrazione diventava più drammatica: un gruppo di cento droni si muoveva sopra le teste degli spettatori, simulando la dinamica tra predatori (rappresentati da luci rosse) e prede (illuminate in bianco). L'intensità della luce variava in base alla densità del gruppo, richiamando le strategie di sopravvivenza collettiva. La colonna sonora di Don Diablo amplificava la tensione della performance, rendendo *Social Sacrifice* una riflessione sull'interdipendenza nel mondo naturale.

La tecnologia utilizzata in *Social Sacrifice*, senza alienarci dalla natura, ci aiuta a comprendere meglio i suoi processi e a imitare le dinamiche che regolano la vita sul nostro pianeta. Il contrasto tra il naturale e l'artificiale è uno dei temi centrali dell'opera, che pone interrogativi sul rapporto tra l'uomo e la tecnologia. I droni, pur rappresentando l'apice dell'innovazione tecnologica, riflettono dinamiche naturali esistenti da milioni di anni, dimostrando come la tecnologia possa ispirarsi ai modelli naturali per risolvere complessi problemi contemporanei.

L'opera solleva interrogativi profondi su come utilizziamo la tecnologia e sulle implicazioni etiche del suo impatto sulla società. L'intelligenza collettiva e la cooperazione dimostrate dai pesci di fronte a un predatore evidenziano come il comportamento adattivo possa risolvere problemi in circostanze imprevedibili. Per DRIFT, queste intuizioni naturali offrono spunti su come affrontare le sfide globali odierne, dalla pandemia ai cambiamenti climatici, fino ai conflitti geopolitici.

Social Sacrifice riflette anche sulla tensione tra l'individualismo e la necessità di far parte di un sistema più ampio. I droni, pur muovendosi autonomamente, seguono schemi collettivi che sottolineano l'importanza della cooperazione e dell'interconnessione, tanto nel mondo naturale quanto nella società. In questo senso l'opera diventa una potente metafora della condizione umana e del bisogno di bilanciare la libertà individuale con la responsabilità collettiva, suggerendo quanto l'equilibrio tra questi due elementi sia cruciale per la sopravvivenza e l'evoluzione di qualsiasi sistema, naturale o sociale.

FRAGILE FUTURE: UN'INSTALLAZIONE LUMINOSA CHE UNISCE NATURA E TECNOLOGIA

> «Pensate alla caducità di un dente di leone: un soffio ed è sparito. È una pianta comune a tutti paesi e a tutte le culture, eppure nessuno si sofferma mai a guardarla davvero. In un mondo sempre più tecnologico, volevo creare qualcosa che si potesse produrre solamente dedicandovi tanto tempo e attenzione, che non fosse progettato per essere sostituito da qualcos'altro»[7].

Con *Fragile Future*, DRIFT fonde natura e tecnologia in una scultura luminosa multidisciplinare. Il progetto rappresenta una visione critica, ma allo stesso tempo utopica, del futuro del nostro pianeta, in cui due evoluzioni apparentemente opposte stringono un patto per sopravvivere.

La scultura è composta da circuiti elettrici tridimensionali in bronzo collegati a soffioni luminosi. L'opera può espandersi all'infinito, poiché nuovi circuiti possono essere sempre aggiunti. I soffioni contengono veri semi, raccolti a mano e incollati, uno per uno, alle luci LED. Questo processo, lungo e meticoloso, si contrappone nettamente alla produzione di massa e alla cultura dell'usa e getta. Le rapide innovazioni tecnologiche della nostra epoca sono davvero più avanzate dell'evoluzione della natura, di cui il soffione, fragile e simbolico, è un esempio evidente? E come potrebbero queste due dimensioni progredire in sinergia?

DRIFT propone una visione di questo futuro attraverso il suo linguaggio distintivo: una fusione tra tecnologia avanzata e immagini poetiche, in cui la luce assume una valenza simbolica ed emozionale. *Fragile Future III*, acquisita dal Victoria and Albert Museum di Londra ed entrata a far parte della collezione permanente, suscita emozione e, al contempo, evidenzia il legame inscindibile tra la luce e ogni forma di vita.

MATERIALISM: LA DECOSTRUZIONE DELLA VITA QUOTIDIANA

> «Tutti sanno riparare una gomma o rimettere la catena alla propria bici. Ad Amsterdam se ne utilizzano tre all'anno: sono componenti meccaniche che entrano a far parte della nostra vita. Eppure tutte queste esperienze che viviamo sono impossibili da assimilare completamente. Viviamo in un mondo molto strano»[8].

> understand how nature works in uncertain circumstances, it will become easier to accept and embrace that we have to go step by step and constantly change and adapt to remain a part of the evolution of this earth."[6]

Like *Franchise Freedom* and *Flylight*, *Social Sacrifice* is a poetic reflection on the tensions between individual autonomy and collective interdependence, drawing inspiration from the synchronized movements of flocks of birds and schools of fish using hypnotic drone choreographies. With *Social Sacrifice*, presented at La Biennale di Venezia in 2022, DRIFT took this exploration to a new level, creating the first drone installation inside an enclosed space: the Church of San Lorenzo. Here, as in their previous works, the drones mimic natural movements, but the narrative takes on a more dramatic tone: a group of one hundred drones moves above the audience simulating the dynamics of predator (represented by the red lights) and prey (white). The intensity of the light varies based on the group's density, evoking the strategies of collective survival. Don Diablo's soundtrack amplifies the tension of the performance, making *Social Sacrifice* a meditation on interdependence in the natural world.

Far from alienating us from nature, the technology used in *Social Sacrifice* helps us better understand its processes and mimic the dynamics that govern life on our planet. The contrast between nature and artifice is one of the central themes of the work, which invites the audience to reflect on the relationship between humanity and technology. While these drones represent the pinnacle of technological innovation, they also mirror natural dynamics that have existed for millions of years, proving that technology can be inspired by natural models to solve complex contemporary problems.

This work raises profound questions about how we use technology and the ethical implications of its impact on society. As demonstrated by fish in the face of a predator, collective intelligence and cooperation highlight how adaptive behavior can solve problems in uncertain circumstances. For DRIFT, these natural insights provide clues on how to tackle today's global challenges, from the pandemic to climate change and geopolitical conflicts.

Social Sacrifice also deals with the tension between human individualism and the necessity of being part of a larger system. The drones, although moving autonomously, follow collective patterns that emphasize the importance of cooperation and interconnectedness, both in the natural world and in human society. In this sense, the work becomes a powerful metaphor for the human condition and the need to balance individual freedom with collective responsibility, suggesting how crucial this balance is for the survival and evolution of any system, be it natural or social.

FRAGILE FUTURE: A SYMBIOSIS OF NATURE AND LIGHT

> "Think of the transience of a dandelion—one blow and it has gone. It is a plant familiar to every country and every culture, yet nobody really stops to look at it. In our increasingly technological world, I wanted to create something that could only be made by putting so much time and care into it; something that was not designed to be replaced by something else."[7]

With *Fragile Future*, DRIFT merges nature and technology in a multidisciplinary light sculpture. This project represents a critical as well as a utopian vision of the future of our planet, where two seemingly opposing evolutions form a pact for survival.

This sculpture consists of three-dimensional electrical circuits in bronze, connected to luminous dandelion heads. The work can expand infinitely, as new circuits can always be added. The dandelions contain real seeds, hand-collected and glued, one by one, to the LED lights. This meticulous, time-consuming process stands in stark contrast to mass production and the throwaway culture. Are the rapid technological innovations of our era truly more advanced than nature's evolution, of which the delicate, symbolic dandelion is a clear example? And how could these two dimensions evolve together?

DRIFT envisions this future through its distinctive aesthetic: a fusion of advanced technology and poetic imagery, where light assumes symbolic and emotional significance. *Fragile Future III*, acquired by the Victoria and Albert Museum in London and now part of its permanent collection, elicits emotions while reminding us that light is the foundation of all life.

Materialism (2018) propone una riflessione profonda sulla materialità e sul nostro rapporto con gli oggetti di uso quotidiano. Gli artisti hanno decostruito simboli moderni come un iPhone, una tazza di Starbucks o una bicicletta, riducendoli ai loro elementi fondamentali e rappresentandoli in cubi e prismi. Questa operazione non è solo una scomposizione fisica, ma un invito a osservare gli oggetti da una prospettiva nuova, eliminando i preconcetti culturali e rivelando la bellezza e l'impatto ambientale nascosti nei materiali. Nel progetto *Materialism*, gli oggetti vengono studiati, analizzati e suddivisi in componenti minuziosamente tagliati, frantumati e sminuzzati. I materiali ottenuti vengono poi compattati e trasformati in parallelepipedi di varie dimensioni, con opacità, trasparenze e lucentezze differenti. Il risultato sono nuove sculture che si presentano come presenze simboliche di oggetti destrutturati, con forme geometriche essenziali e variopinte che richiamano il linguaggio visivo di artisti dell'astrattismo come Kazimir Malevich, Hilma af Klint e Piet Mondrian. Questi totem e monoliti di materiali riciclati, assemblati in modo da suggerire strutture urbane futuristiche, riflettono una fusione tra creatività artistica e sostenibilità ambientale.

Materialism non si limita alla mera esplorazione estetica. Attraverso l'analisi di materiali come il nichel, il cobalto e il tungsteno, utilizzati nella produzione di smartphone e armi, vengono evidenziate le connessioni tra i nostri beni di consumo e i processi di estrazione che spesso hanno impatti devastanti sull'ambiente e le comunità. Il confronto tra i componenti di vecchi telefoni, come il Nokia 3210, e quelli degli iPhone odierni, evidenzia il modo in cui i dispositivi attuali siano diventati non solo più complessi, ma anche maggiormente legati a questioni geopolitiche e ambientali.

Il progetto solleva dunque domande sulla percezione dei prodotti di uso comune: dalla composizione della tazza di Starbucks, costituita in gran parte da acqua, alla scomposizione degli ingredienti di un Big Mac. Una sollecitazione, dunque, a meditare su come si possano riconoscere le composizioni di questi oggetti e materiali, mettendo in discussione il nostro modo di concepire la tecnologia, l'economia e la vita quotidiana.

DRIFTER: SFIDA ALLA GRAVITÀ E RIFLESSIONI SULL'ARCHITETTURA

> «Con *Drifter* vogliamo stimolare una reazione, produrre sogni improbabili. Chissà, la nostra prossima idea potrebbe gettare le fondamenta per un mondo nuovo»[9].

Un'altra opera che incarna pienamente la filosofia di DRIFT è *Drifter*, una scultura monumentale che apparentemente sfida le leggi della fisica. Presentato per la prima volta all'Armory Show a New York nel 2017, *Drifter* consiste in un grande blocco di cemento sospeso a mezz'aria senza alcun supporto visibile. Il blocco, che misura quattro metri di lunghezza, sembra fluttuare magicamente nello spazio, creando un contrasto tra la solidità del materiale e la leggerezza del movimento.

Il cemento è stato appositamente scelto per il suo simbolismo, poiché nella cultura moderna rappresenta solidità, permanenza e pesantezza nelle strutture architettoniche. In *Drifter* tuttavia questo materiale, normalmente associato a stabilità e rigidità, appare leggero e dinamico. L'opera mette dunque in discussione la nostra percezione della gravità e della fisicità delle cose, suggerendo che anche le strutture più solide possono essere trasformate, e che l'architettura del futuro potrebbe non essere più vincolata alla gravità e alla staticità.

Allo stesso tempo il monolite di cemento di *Drifter* rappresenta un'unità di base nelle costruzioni, un elemento essenziale nelle strutture e negli spazi creati dall'uomo, come edifici e infrastrutture urbane. Da solo il blocco sembra insignificante, perso nello spazio e privo di riferimenti, in cerca di un sistema più ampio a cui appartenere. *Drifter* sollecita così riflessioni su quanto ci si senta smarriti senza punti di riferimento, poiché l'oggetto, isolato, appare estraneo e scollegato dalla sua origine. Questa riflessione si estende, rivelando quanto il mondo e i suoi meccanismi rimangano in parte sconosciuti, ed evidenziando l'urgenza di espandere i nostri orizzonti e di evolverci.

Drifter fa anche riferimento a *Utopia* di Thomas More (1516), che menziona per la prima volta il cemento. All'epoca, il cemento era "solo" un'idea di fantascienza, ma secoli dopo è diventato il fondamento della nostra società.

L'idea alla base di *Drifter* è quella di esplorare il rapporto tra permanenza e cambiamento. Se un blocco di cemento può fluttuare, allora anche le strutture e i sistemi che abbiamo costruito possono essere soggetti a trasformazioni. L'opera induce a riconsiderare il modo in cui concepiamo lo spazio e come l'architettura

MATERIALISM: THE DECONSTRUCTION OF EVERYDAY LIFE

> "Everybody knows how to repair their tire or put a chain back on their bike. In Amsterdam, you go through three a year, and it becomes this piece of mechanics that's just a part of your life. Still, all these things that you collect, it's impossible to process. We live in a very strange world."[8]

Materialism (2018) is a profound reflection on materiality and our relationship with everyday objects. The artists deconstruct modern symbols such as the iPhone, a Starbucks cup, or a bicycle, reducing them to their fundamental elements and representing them as cubes and prisms. This process is not merely a physical disassembly but an invitation to observe objects from a new perspective, stripping away cultural preconceptions and revealing the hidden beauty and environmental impact embedded in the materials. In the *Materialism* project, objects are studied, analyzed, cut, fragmented, crushed, and ground down, with the resulting materials compacted and reduced into parallelepipeds of varying sizes, opacities, transparencies, and shines. The result is a series of new sculptures, symbolic representations of deconstructed objects, featuring essential geometric shapes and vibrant colors reminiscent of the visual language of abstract artists like Kazimir Malevich, Hilma af Klint, and Piet Mondrian. These totems and monoliths made from recycled materials, assembled in ways that suggest futuristic urban structures, reflect a fusion of artistic creativity and environmental sustainability.
Materialism goes beyond mere aesthetic exploration. Through the analysis of materials like nickel, cobalt, and tungsten—used in the production of smartphones and weapons—the project highlights the connections between our consumer goods and the extraction processes that often have devastating environmental and social impacts. By comparing the components of older phones, like the Nokia 3210, with modern iPhones, this work underscores how our devices have become increasingly complex but also more entwined with geopolitical and environmental issues.
This project raises questions about the perception of everyday products: from the composition of the Starbucks cup, which is largely made up of water, to the disassembly of a Big Mac's ingredients. It invites us to reflect on how we mentally recognize the proportions of these objects and materials, challenging our way of thinking about technology, economics, and everyday life.

DRIFTER: A CHALLENGE TO GRAVITY AND REFLECTIONS ON ARCHITECTURE

> "With *Drifter* we want to evoke a reaction to dream the improbable. Who knows, our next idea might be the foundation for our new world."[9]

Another work that fully embodies DRIFT's philosophy is *Drifter*, a monumental sculpture that seemingly defies the laws of physics. First presented at the Armory Show in New York in 2017, *Drifter* is a large concrete block suspended mid-air without any visible support. The block, measuring four meters in length, appears to float magically in space, creating a striking contrast between the solidity of the material and the lightness of the movement.
Concrete was deliberately chosen for its symbolism, as in modern culture it represents solidity, permanence, and weight in architectural structures. Yet in *Drifter*, concrete—typically associated with stability and rigidity—becomes light and fluid. The work thus challenges our perception of gravity and the physicality of objects, suggesting that even the most solid structures can be transformed, and that the architecture of the future may no longer be bound by gravity and static forms.
At the same time, the concrete monolith of *Drifter* represents a basic building unit, a fundamental element in human-made structures and spaces, such as buildings and urban infrastructures. Alone, the block is insignificant, lost in space and time without references, searching to be part of something greater.
Drifter invites a reflection on how lost we feel without context, as the isolated object appears alien and disconnected from its origin. This reflection broadens, highlighting how the world and its mechanisms remain partly unknown to humanity, emphasizing the urgency to expand our horizons and evolve over time.
Drifter also references Thomas More's *Utopia* (1516), where concrete is mentioned for the first time. At that time, concrete was "just" science fiction, but centuries later it has become the foundation of our society. The underlying idea of *Drifter* is to explore the concept of permanence and change. If a concrete block

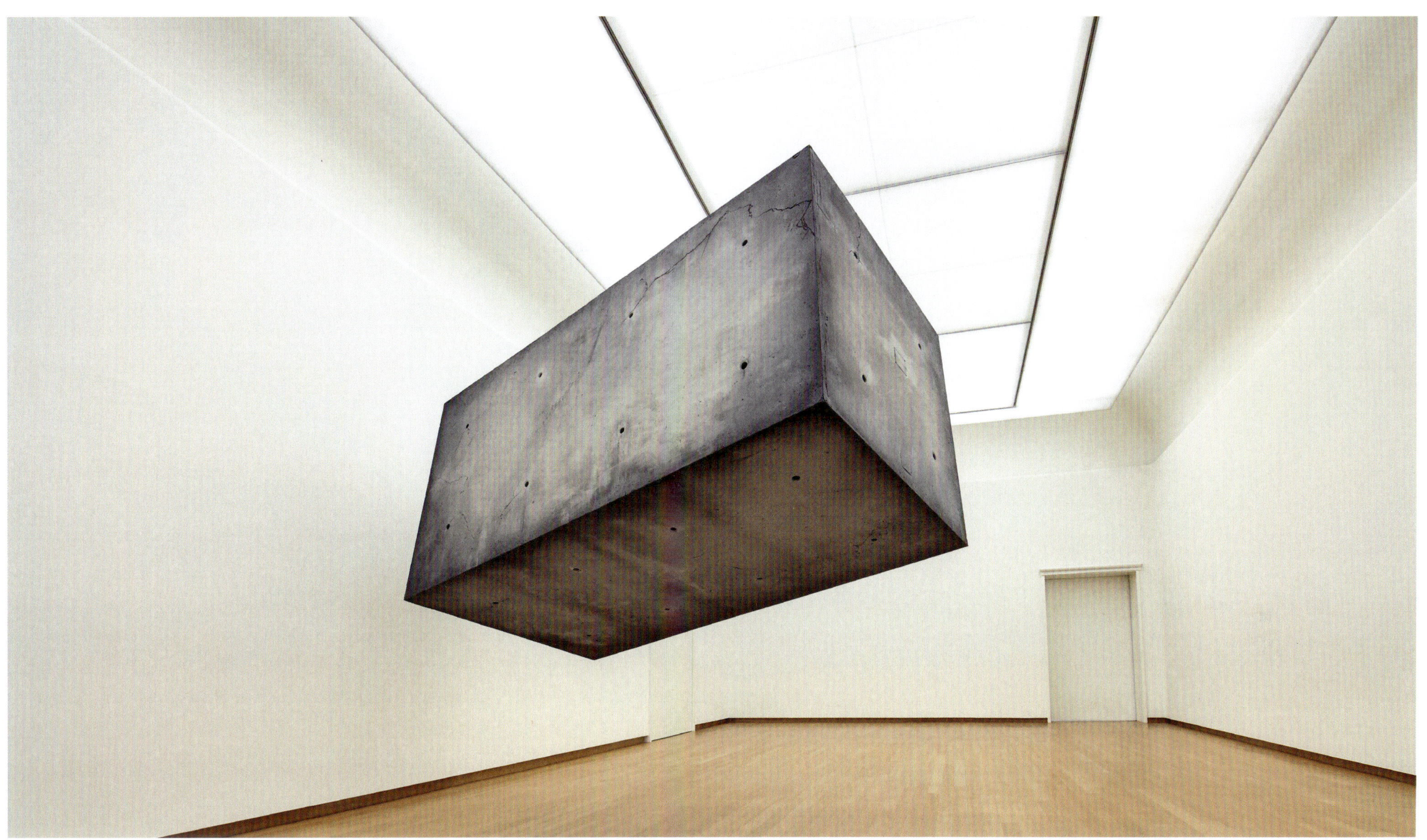

possa diventare più dinamica e adattabile. *Drifter* si propone così come una riflessione filosofica sulla natura stessa dell'architettura: è possibile immaginare edifici in costante evoluzione, non più definiti dalla rigidità fisica, ma da una fluidità concettuale?

L'opera è stata esposta in numerosi contesti e musei internazionali, trasformandosi ogni volta in relazione allo spazio in cui è stata collocata. Questa capacità di adattamento è una delle qualità più affascinanti dei lavori di DRIFT, che non creano oggetti statici ma installazioni che si trasformano continuamente, stabilendo un dialogo dinamico con l'ambiente circostante. Ogni volta che *Drifter* viene installato in un nuovo spazio assume nuovi significati, mettendo in discussione il modo in cui concepiamo il rapporto tra architettura e gravità.

EGO: UN'ESPLORAZIONE DELLA MENTE UMANA

«In questo percorso ci siamo arricchiti a vicenda, lavorando insieme per creare un'esperienza in cui ballo, musica, voce, scultura e tecnologia si fondono in un'unica esperienza»[10].

Nel 2020, in collaborazione con la De Nationale Opera, *L'Orfeo* di Claudio Monteverdi è stato reinterpretato come uno straordinario *Gesamtkunstwerk*, fondendo musica, coreografia, scenografia immersiva e costumi evocativi e offrendo una fusione totale delle arti visive e sonore in un'esperienza teatrale unica. *Ego*, la scultura cinetica realizzata per l'occasione da DRIFT, indaga la fragilità della mente umana e la capacità dei sistemi sociali e cognitivi di trasformarsi. *Ego* è una struttura di tessuto composta da una fibra

↓ La scultura cinetica *Ego* creata da DRIFT per *L'Orfeo* prodotto dalla De Nationale Opera olandese, Amsterdam, teatro Carré, 2020
Ego, a kinetic sculpture created by DRIFT for *L'Orfeo* produced by the Dutch National Opera, Carré, 2020

can float, perhaps the structures and systems we have built can also be subject to transformation. The work invites viewers to reflect on how we conceive space and how architecture could become more dynamic and adaptable. In a sense, *Drifter* poses a philosophical question about the nature of architecture: Is it possible to create buildings that are in constant evolution, not defined by physical rigidity but by conceptual fluidity?

Drifter has been exhibited in numerous international contexts and museums, transforming each time in relation to the space it occupies. This capacity for adaptation is one of the most fascinating qualities of DRIFT's works, which do not create static objects but rather installations that continually evolve, establishing a dynamic dialogue with their surroundings. Every time *Drifter* is installed in a new space, it assumes new meanings, questioning the way we conceive the relationship between architecture and gravity.

EGO: AN EXPLORATION OF THE HUMAN MIND

"In this process we enhanced each other, puzzling together to sculpt an experience where dance, music, voice, sculpture and technology become one voice."[10]

In 2020, in collaboration with the Dutch National Touring Opera, Claudio Monteverdi's *L'Orfeo* was reinterpreted in an extraordinary *Gesamtkunstwerk*, blending music, choreography, immersive set design, and evocative costumes to create a total fusion of visual and sonic arts in a remarkable theatrical experience. *Ego*, the kinetic sculpture created by DRIFT for this occasion, explores the fragility of the human mind and the transformative capacity of social and cognitive structures. *Ego* is a woven block made from over sixteen kilometers of Japanese fluorocarbon fiber animated by a complex system of algorithms and custom-developed software, which gently moves the fabric through space, creating a powerful visual and emotional effect.

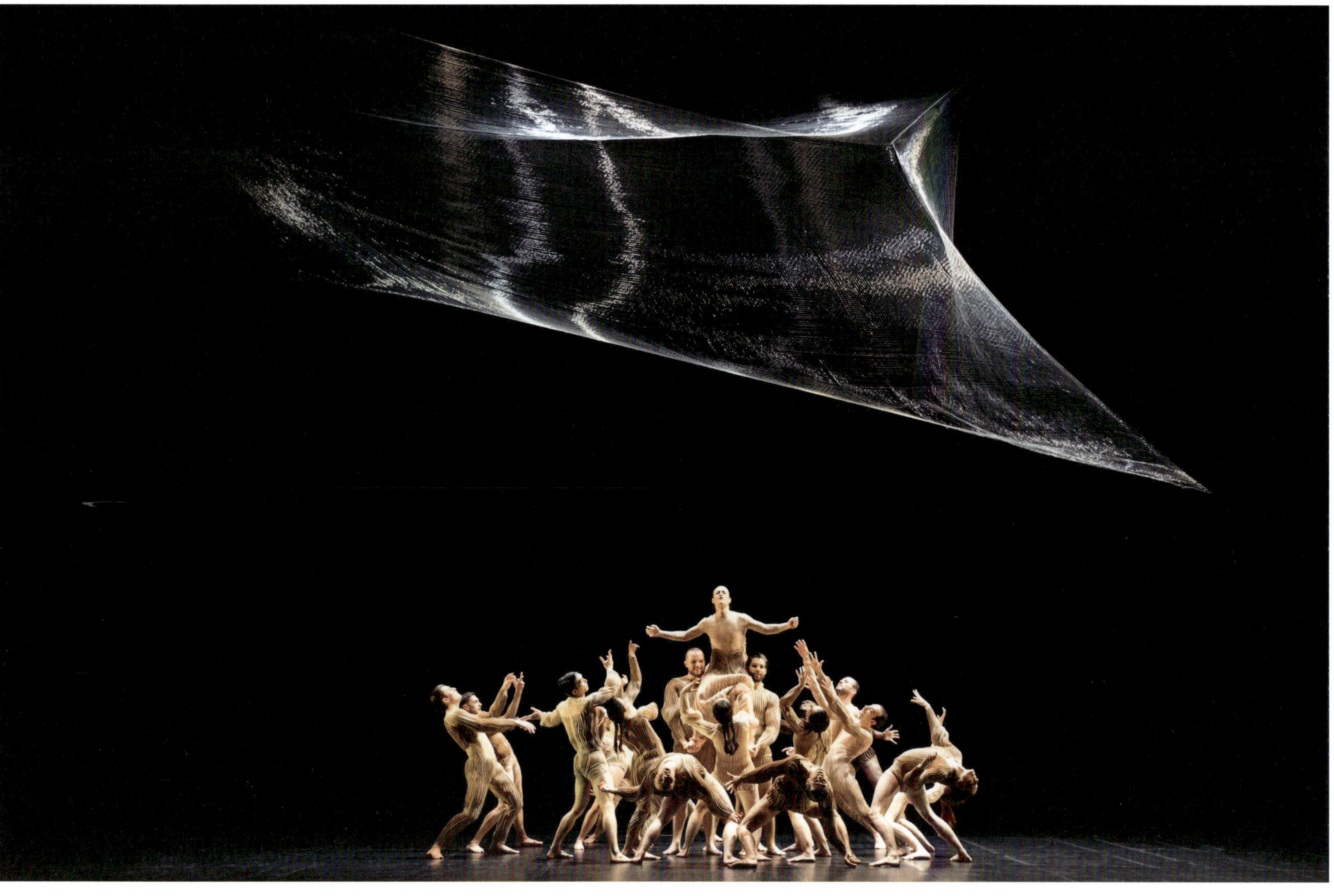

fluorocarbonica giapponese lunga più di sedici chilometri, animata da un complesso sistema di algoritmi e software sviluppati appositamente, che ne consentono il movimento nello spazio con delicatezza, creando un potente effetto visivo ed emotivo.

Ego è molto più che un semplice elemento scenico: rappresenta la mente stessa di Orfeo, fluttuando sopra il palco e trasformandosi al ritmo della musica. Si innalza maestosamente per poi scendere, avvolgendo la scena come un velo, passando da una forma rettangolare e angolare a un fluire scintillante e infine a una gigantesca freccia appuntita. La sua forma mutevole rispecchia il viaggio interiore del protagonista, diventando un simbolo della sua evoluzione emotiva e psicologica. Trasformandosi tra stati naturali e artificiali, offre allo spettatore una prospettiva con cui può identificarsi, rivelandone al contempo la vulnerabilità. Una forma apparentemente rigida che esprime sentimenti ed emozioni, mettendo in luce punti di forza e fragilità dell'esperienza umana.

Il movimento del tessuto, che sembra vivo, trasmette una sensazione di delicatezza e vulnerabilità, suggerendo che anche le strutture più solide, come la mente o i sistemi sociali, possano essere trasformate e plasmate dalle circostanze. *Ego* interagisce con l'ensemble di cantanti e ballerini, creando una coreografia in cui i performer si muovono in modo armonioso e dinamico, come se fossero parte di un unico organismo vivente che pulsa al ritmo della musica. La fluidità dei movimenti del tessuto simboleggia il modo in cui la mente umana, così come le strutture sociali, può adattarsi e trasformarsi. Tema centrale di *Ego* è, infatti, la trasformazione, sia a livello individuale che collettivo, e l'opera esorta a prendere coscienza di come le proprie percezioni e convinzioni possano essere modificate nel tempo. Come molti altri lavori di DRIFT, *Ego* utilizza la tecnologia per tradurre concetti astratti in esperienze visive e sensoriali. L'uso di algoritmi e software consente di controllare ogni minimo movimento del tessuto, creando un'opera che è al contempo poetica e scientifica, riflettendo la dualità tra rigidità e fluidità che caratterizza la condizione umana.

BREAKING WAVES: L'ARTE CHE SI FONDE CON L'ARCHITETTURA E LA NATURA

> «L'arte dovrebbe essere accessibile a quante più persone possibile. Per questo abbiamo concepito l'installazione in uno spazio pubblico. Quando abbiamo cominciato a lavorare con la Elbphilharmonie abbiamo subito pensato che dovevamo portare all'esterno, dove le persone potevano vederlo, quello che stava succedendo all'interno»[11].

Nel 2022, in occasione del quinto anniversario dell'inaugurazione della Elbphilharmonie di Amburgo, progettata dagli architetti Herzog & de Meuron, DRIFT ha concepito un'installazione intitolata *Breaking Waves*. La performance prevedeva l'utilizzo di centinaia di droni che hanno illuminato la facciata dell'edificio, creando un suggestivo spettacolo di luci in movimento. I droni simulavano il moto ondoso, richiamando l'acqua che circonda la struttura, seguendo il ritmo della musica del concerto per pianoforte e orchestra diretto da Thomas Adès. Questo spettacolo immersivo, della durata di circa sette minuti, si è svolto il 28 aprile dopo il tramonto, ed era visibile dall'area portuale di Amburgo, offrendo agli spettatori un'esperienza visiva in armonia con l'architettura e la natura circostante.

I AM STORM: IL POTERE DEL VENTO

> «Era da molto tempo che sia io che Ralph volevamo creare un'opera che mostrasse il vento che soffia su un prato. Guardi il vento che gioca con l'erba e sembra molto soffice. Ogni volta vorrei sdraiarmici sopra e fluttuare. Per questo è da tanto che ce l'abbiamo in testa. È uno di quei processi naturali, uno di quei movimenti che ci piace tanto sentire e che con quest'opera potrete provare anche voi, come se foste in mezzo all'erba, ma allo stesso tempo siete il vento, e così diventate parte dell'ambiente in modo molto potente»[12].

I Am Storm (2023) invita gli spettatori a vivere un'esperienza sensoriale che simula la forza del vento su un campo d'erba. Ispirata dall'armonia naturale che governa la Terra, l'opera esplora l'importanza del vento come forza vitale per il pianeta. Senza di esso non esisterebbero onde, pioggia né la fondamentale impollinazione delle piante.

Ego is much more than a simple stage element: it represents Orpheus's mind itself, floating above the stage and transforming to the rhythm of the music. It majestically rises and then descends, enveloping the scene like a veil, shifting from a rectangular and angular shape to a shimmering flow, and finally to a giant pointed arrow. Its mutable form mirrors the protagonist's inner journey, becoming a symbol of his emotional and psychological evolution. As it shifts between natural and unnatural states, it offers the audience a perspective with which they can identify, while simultaneously revealing its vulnerability. A seemingly rigid form that expresses feelings and emotions, strengths and weaknesses of the human perspective.

The fabric seems alive, its movement conveying a sense of delicacy and vulnerability, suggesting that even the most solid structures—like the mind or social systems—can be transformed and shaped by circumstances. *Ego* interacts with the ensemble of singers and dancers, creating a choreography in which the performers move organically and dynamically, as though part of a single living organism pulsing to the rhythm of the music. The fluidity of the fabric's movements symbolizes how the human mind, like social structures, can adapt and transform.

The central theme of *Ego* is transformation, both on an individual and a collective level, and the work invites the viewer to reflect on how their own perceptions and beliefs may evolve over time. Like many of DRIFT's works, Ego uses technology to translate abstract concepts into visual and sensory experiences. The use of algorithms and software allows for precise control over every subtle movement of the fabric, creating a work that is both poetic and scientific, reflecting the duality between rigidity and fluidity that characterizes the human condition.

BREAKING WAVES: WHERE ART, ARCHITECTURE, AND NATURE CONVERGE

> "Art should be accessible to as many people as possible. That's why we designed our installation for the public space. when we started working with the Elbphilharmonie, we both immediately agreed that we need to bring what's happening indoors to the outside, where people can see it."[11]

In 2022, to celebrate the fifth anniversary of the opening in Hamburg of the Elbphilharmonie designed by architects Herzog & de Meuron, DRIFT conceived an installation titled *Breaking Waves*. The performance featured hundreds of drones illuminating the building's facade, creating a mesmerizing display of moving lights. The drones simulated the motion of waves, echoing the water surrounding the structure, and followed the rhythm of the piano concerto conducted by Thomas Adès. This immersive show, lasting about seven minutes, took place after sunset on April 28 and was visible from the port area of Hamburg, offering spectators a visual experience in harmony with the surrounding architecture and nature.

I AM STORM: THE POWER OF WIND

> "For a very long time both Ralph and me wanted to create a work that shows the gust of wind in a field of grass you see the wind play with the grass it feels very soft I always feel like I want to lay in that grass and float above it so it has been in our mind for a long time as one of those processes in nature those movements that we love to feel and in this work you will experience to be in a position as if you are between the grass but at the same time you are the wind so you become part of the environment in a very powerful way."[12]

I Am Storm (2023) invites spectators to experience a sensory simulation of the wind's power over a field of grass. Inspired by the natural harmony that governs the Earth, this work explores the importance of wind as a vital force for the planet. Without it, there would be no waves, rain, or the essential pollination of plants. As visitors make their way through the interactive modules, the grass waves in synch with their presence, making them the source of the motion itself. In this dynamic dialogue, the wind becomes an extension of the audience, allowing them to experience the invisible force that moves the world, while reminding them that the environment is a living system to which everyone contributes their own energy. *I Am Storm* thus encourages reflection on the impact we can have on our surroundings, reminding us that we are part of a network of continuous and ever-changing interactions.

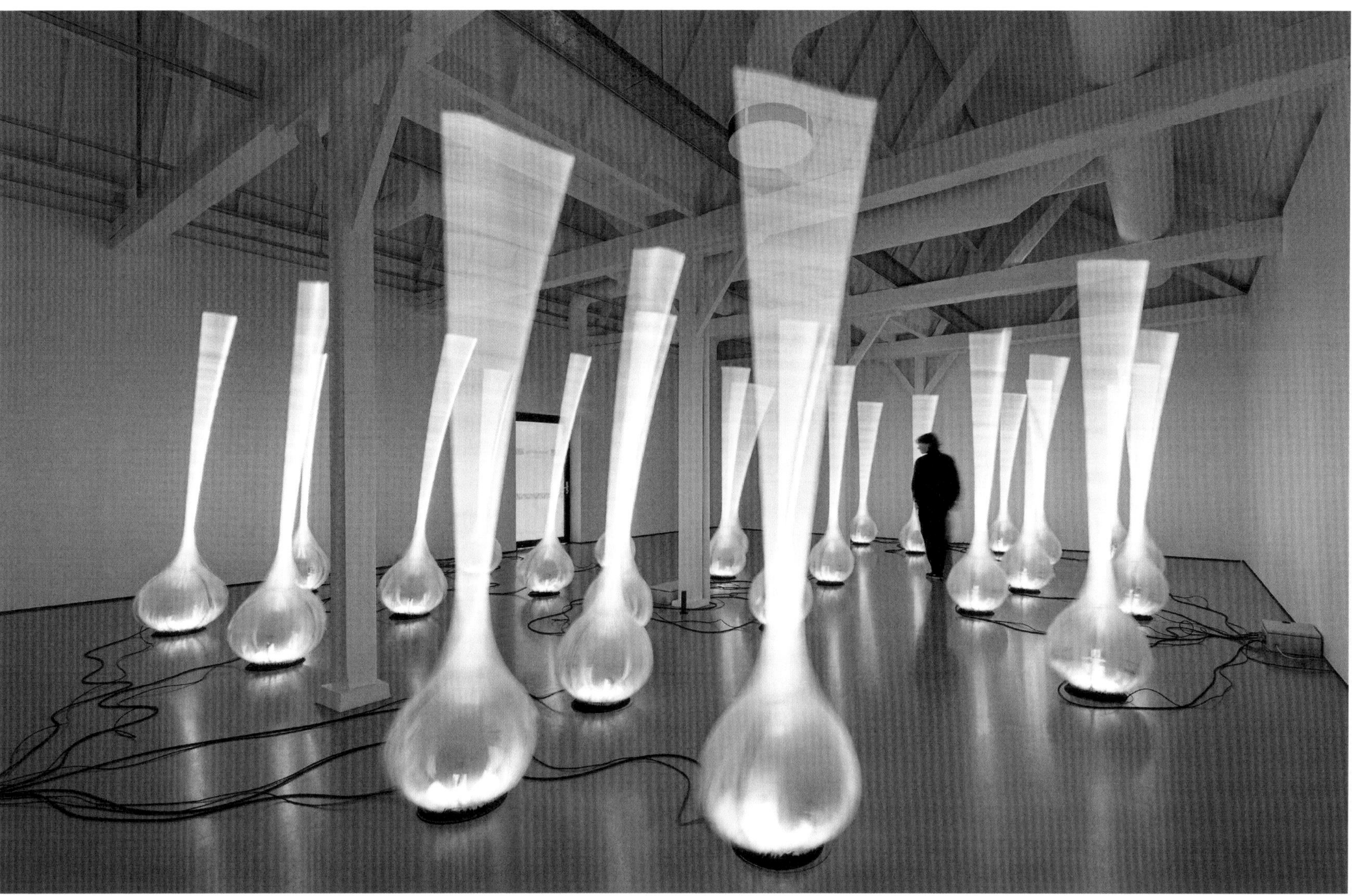

Man mano che i visitatori si spostano tra i moduli interattivi, i movimenti dell'erba si sincronizzano con la loro presenza, facendoli diventare l'origine del movimento stesso. In questo dialogo dinamico il vento diventa un'estensione del pubblico, permettendo agli spettatori di sperimentare il potere invisibile che muove il mondo e sottolineando come l'ambiente sia un sistema vivo, al quale ciascuno partecipa con la propria energia. Così, *I Am Storm* esorta a una riflessione sull'impatto che possiamo avere su ciò che ci circonda, ricordandoci che facciamo parte di una rete di interazioni continue e mutevoli.

MURMURING MINDS: INCONTRO TRA UMANO E TECNOLOGIA

> «La nostra inclinazione a creare schemi e la propensione a sacrificare la libertà per conformarci alla struttura sociale rappresentano, in sostanza, il fulcro di tutto. Ma anche: come ci poniamo all'interno di queste forme, il modo in cui reagiamo a esse e cosa significano per noi»[13].

Murmuring Minds è un'installazione interattiva (presentata nel 2024 al LUMA Arles nell'ambito della mostra *Living Landscape*) che esplora le dinamiche di coesistenza tra comportamento umano e tecnologico. Sessanta blocchi rettangolari, programmati per muoversi autonomamente, formano uno sciame all'interno dello spazio, creando un paesaggio mutevole di interazioni. I partecipanti, immersi in questo ambiente, reagiscono e si adattano ai movimenti dei blocchi, diventando parte di un sistema di dialogo continuo tra uomo e macchina. Ogni azione, ogni scelta, genera una risposta visibile che influenza l'equilibrio dell'intero sistema, rivelando come le nostre decisioni personali possano avere impatti collettivi.
L'installazione mette in luce il modo in cui l'interazione tra intelligenza artificiale e comportamento umano modelli la nostra percezione delle strutture sociali e naturali. Ispirato ai movimenti coordinati di animali

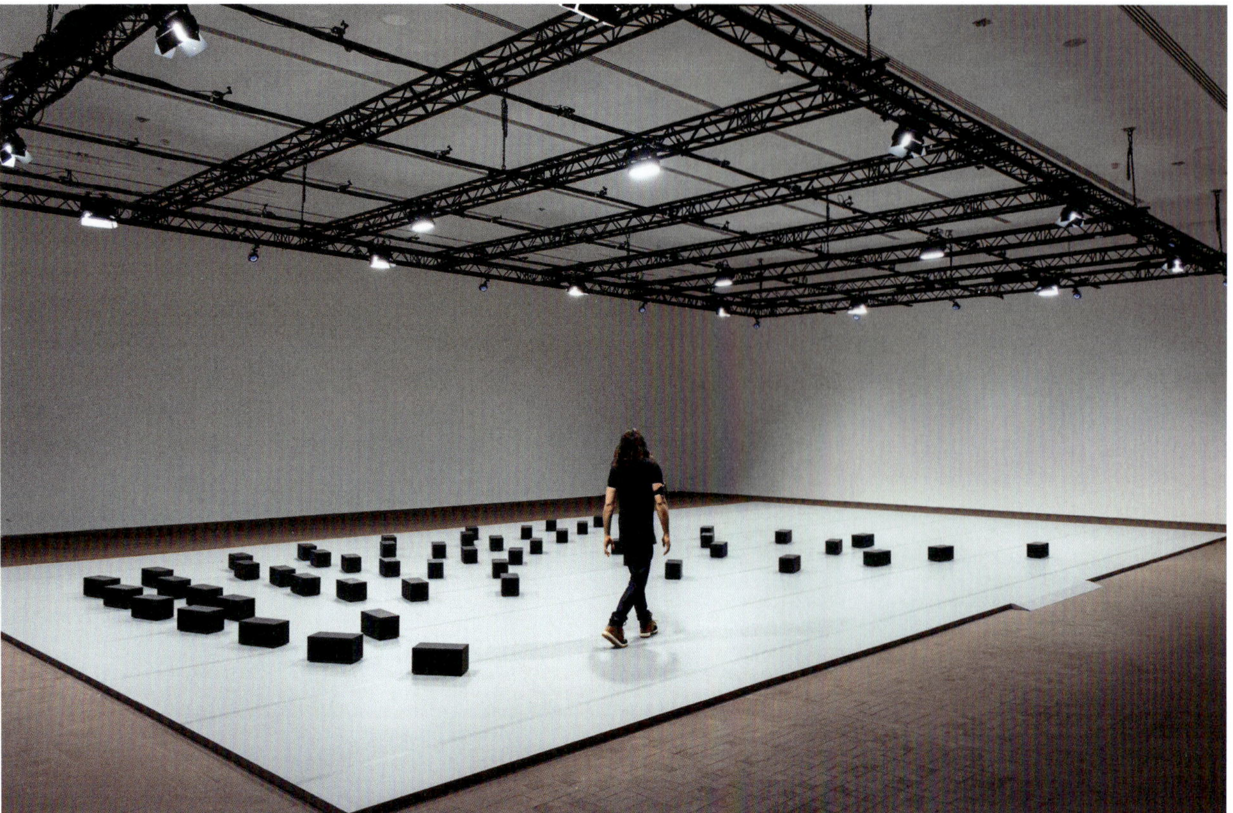

MURMURING MINDS: AN ENCOUNTER OF HUMANITY AND TECHNOLOGY

> "Our interest in forming patterns and our fascination with the sacrifice of our freedom to
> live inside the social structure—that's basically what it's all about. Also, our position within
> these forms, how we react to them, and what they mean to us."[13]

Murmuring Minds is an interactive installation (presented in 2024 at LUMA Arles as part of the exhibition
Living Landscape) that explores the dynamics of coexistence of human and technological behavior.
Sixty rectangular blocks, programmed to move autonomously, form a swarm within a space, creating
a shifting landscape of interactions. The participants immersed in this environment react and adapt to
the movements of the blocks, becoming part of a continuous dialogue between humans and machines.
Every action, every choice, generates a visible response that influences the balance of the entire system,
revealing how our personal decisions can have a collective impact.
This installation highlights how the interaction between artificial intelligence and human behavior shapes our
perception of social and natural structures. Inspired by the coordinated movements of animals such as birds,
fish, and bees, *Murmuring Minds* invites participants to reflect on how their choices influence the context in
which they find themselves. The ability to generate harmony or chaos through simple decisions becomes the
core of this experience, where technology and humanity merge to create an innovative exploration of control,
leadership, and collectivity.

RECONSTRUCTING HISTORY WITH TECHNOLOGY: "RISING" MONUMENTS

One of DRIFT's projects is dedicated to the visual reconstruction of historical monuments using light-show
drones, with the duo making plans for landmarks such as the Colosseum and the Sagrada Familia. By
employing drone technology, they aim to visually complete these structures, offering viewers a glimpse of
how they might have appeared in their original form.
This fusion of past and future is one of the central themes in DRIFT's work. By utilizing advanced
technologies like drones and light, the duo transforms buildings that have been damaged by time or left
incomplete, providing a new perspective on how to preserve and reimagine our cultural heritage. Their
installations not only celebrate the architectural beauty of the past but also suggest that technology can be
used to keep historical memory alive and create new possibilities for the future of architecture.

     ARTURO GALANSINO

↓ Roma, Colosseo:
ricostruzione architettonica
luminosa con i droni, 2022
Colosseum, Rome:
reconstruction with drone
technology, 2022

come uccelli, pesci e api, *Murmuring Minds* incoraggia i partecipanti a esaminare criticamente come le loro scelte influenzino l'ambiente circostante. La capacità di creare armonia o caos attraverso semplici decisioni diventa il fulcro di questa esperienza, in cui tecnologia e umanità si intrecciano dando vita a un'esplorazione innovativa del controllo, della leadership e della collettività.

RICOSTRUIRE LA STORIA CON LA TECNOLOGIA: MONUMENTI "RINASCENTI"

Un progetto di DRIFT è dedicato alla ricostruzione visiva di edifici storici attraverso l'uso di droni luminosi e ha visto il duo progettare interventi su monumenti come il Colosseo a Roma e la Sagrada Familia a Barcellona, impiegando la tecnologia dei droni per completare visivamente queste strutture, offrendo così allo spettatore una visione di come sarebbero apparse originariamente.
Questa fusione di passato e futuro rappresenta uno dei temi centrali del lavoro di DRIFT. Utilizzando tecnologie avanzate come i droni e la luce, il duo è in grado di trasformare edifici che sono stati danneggiati dal tempo o lasciati incompleti, offrendo una nuova prospettiva su come preservare e reimmaginare il nostro patrimonio culturale. Le loro installazioni non solo celebrano la bellezza architettonica del passato, ma suggeriscono anche che la tecnologia può essere utilizzata per mantenere viva la memoria storica e per creare nuove possibilità per il futuro dell'architettura.
Attraverso l'uso della luce come strumento di ricostruzione, DRIFT crea installazioni che non solo integrano fisicamente questi monumenti, ma li arricchiscono di nuovi significati. La luce diventa un simbolo di speranza e di rinascita, e il lavoro suggerisce che la tecnologia può essere utilizzata per conservare e restaurare la storia, mantenendo viva la memoria culturale di generazioni passate.

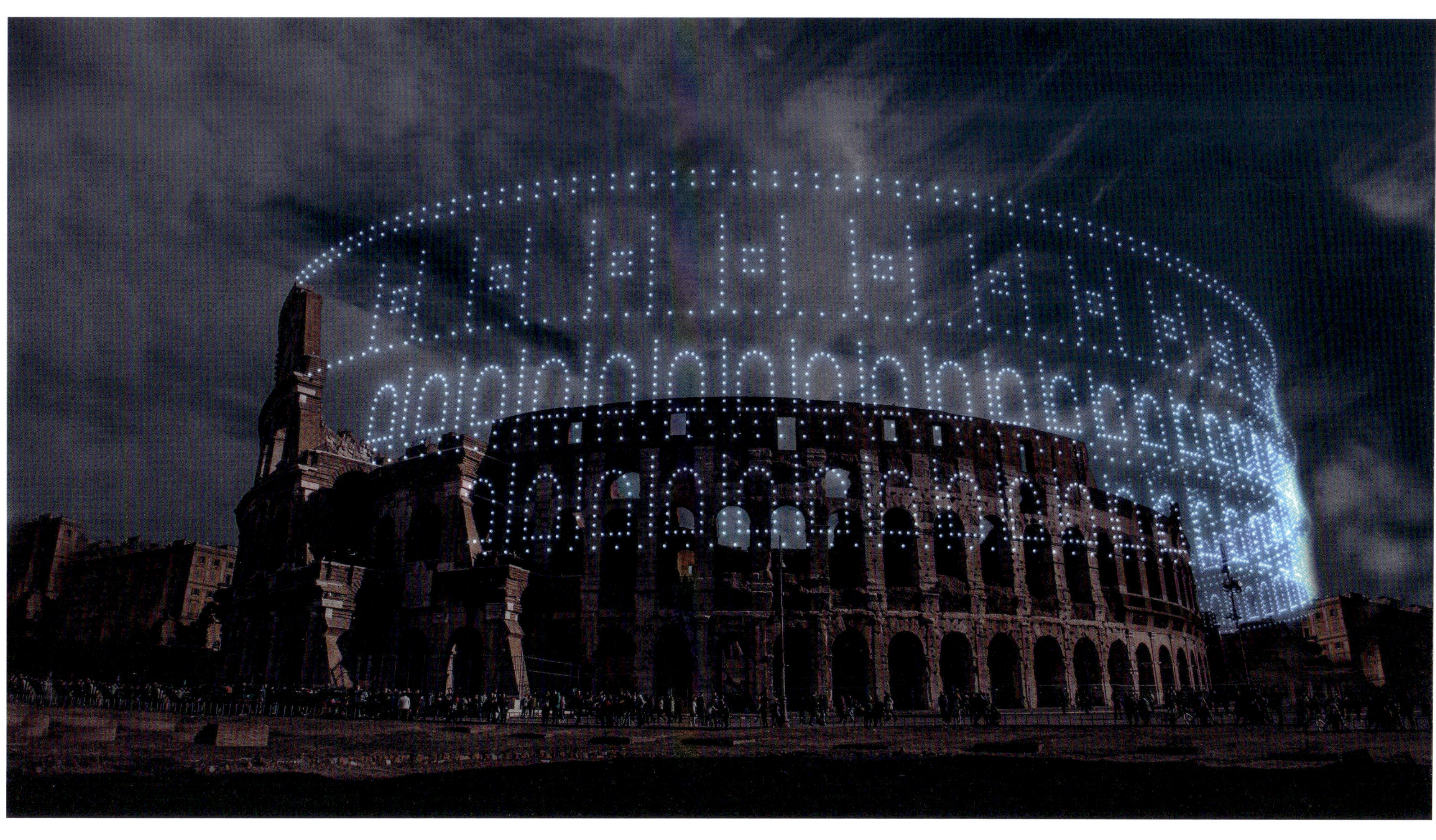

Through the use of light as a tool for reconstruction, DRIFT creates installations that not only physically rebuild these monuments but also enrich them with new meanings. Light becomes a symbol of hope and rebirth, and their work suggests that technology can be used to preserve and restore history, keeping the cultural memory of past generations alive.

COMMUNING WITH THE RENAISSANCE

DRIFT's approach to artistic creation finds numerous parallels in Renaissance art, where art and science were intertwined to give birth to new forms of expression, to explore the natural world, and to create works that reflected a deeper understanding of reality. Through the study of perspective, proportions, and physical laws, Renaissance artists sought to represent the world in a more accurate and truthful way.
DRIFT fits into this tradition, using modern technologies to explore natural and human dynamics, blending art with science to create works that reflect a deeper understanding of the world. Their installations employ algorithms, drones, and advanced materials, and can be seen as a continuation of the Renaissance legacy, as they seek to reveal the laws governing nature and explore the boundaries between art, science, and technology. Like Renaissance artists, DRIFT harnesses modern technology to offer a new vision of the world and our relationship with it, inviting us to reflect on our role in the natural world and the use of technology to restore balance between humanity and nature.
In the courtyard of Palazzo Strozzi, this vision comes to life with *Shy Society*, a work that seems to be animated by unpredictable and natural movements: the sculpture descends, blooming in all its beauty, only to close again and rise, in a continuous cycle that evokes the constant metamorphosis and adaptation of nature itself.

1 William Myers, *Studio DRIFT: Poems in Material & Motion*, Stedlijk Museum Amsterdam, 28 September 2018: https://www.stedelijk.nl/en/digdeeper/studio-drift-poems-material-motion.

2 "Studio DRIFT: Synergy Between Nature and Technology," *Conasür*, 28 November 2017: https://conasur.com/fragile-future-studio-drift/.

3 DRIFT, Pace Gallery: https://www.pacegallery.com/artists/studio-drift/.

4 Beatrice Leanza, "Fragile Cosmologies: Sensing Nature in the Work of DRIFT," in *DRIFT. Choreographing the Future*, New York, Phaidon Press, 2022, p. 27.

5 DRIFT, *Franchise Freedom*, 2017: https://studiodrift.com/work/franchise-freedom/.

6 DRIFT, "*Social Sacrifice*," *d-arts.cn*, 11 July 2022: https://www.d-arts.cn/project/project_info/key/MTIwMzU4MjExNzeD33mssIbKcw.html.

7 Lonneke Gordijn, in "Studio DRIFT: Synergy Between Nature and Technology," *Conasür*, 28 November 2017: https://conasur.com/fragile-future-studio-drift/.

8 Peter-Astrid Kane, "What are the Raw Materials in your iPhone, Starbucks Cup and Bike? - In Pictures," *The Guardian*, 3 November 2021: https://www.theguardian.com/artanddesign/2021/nov/03/art-shed-materialism-fragile-future-technology.

9 DRIFT, *Drifter*, 2017: https://studiodrift.com/work/drifter/.

10 Rima Sabina Aouf, "Studio Drift Creates Dramatic Shifting *Ego* Sculpture for Dutch Opera *L'Orfeo*," *dezeen*, 9 February 2020: https://www.dezeen.com/2020/02/09/studio-drift-ego-installation-opera/.

11 T. Spears, "DRIFT's Drones Light Up Elbphilarmonie Hamburg," *designboom*, 22 December 2021: https://www.designboom.com/art/drift-breaking-waves-elbphilharmonie-hamburg-illuminated-drones-12-22-2021/.

12 DRIFT, *I Am Storm* Exhibition: https://www.youtube.com/watch?v=BMIrkdHEvj4

13 Myrto Katsikopoulou, "DRIFT Recreates Van Gogh's Starry Night in Arles Drone Show," *designboom*, 6 June 2024: https://www.designboom.com/art/drift-immersive-interactive-artworks-done-performance-luma-arles-03-06-2024/.

IN DIALOGO CON IL RINASCIMENTO

L'approccio di DRIFT alla creazione artistica trova diversi parallelismi con l'arte rinascimentale, in cui arte e scienza si intrecciavano per dare vita a nuove forme di espressione, per esplorare il mondo naturale e per creare opere che riflettessero una comprensione più profonda della realtà. Attraverso lo studio della prospettiva, delle proporzioni e delle leggi fisiche, gli artisti rinascimentali cercavano di rappresentare il mondo in modo più accurato e veritiero.

DRIFT si inserisce in questa tradizione utilizzando le tecnologie moderne per esplorare le dinamiche naturali e umane, fondendo l'arte con la scienza per creare opere che riflettono una comprensione più profonda del mondo. Le loro installazioni, fatte di algoritmi, droni e materiali avanzati, possono essere viste come una continuazione dell'eredità rinascimentale, poiché cercano di rivelare le leggi che governano la natura e di esplorare i confini tra arte, scienza e tecnologia. Come gli artisti del Rinascimento, DRIFT sfrutta le tecnologie moderne per offrire una nuova visione del mondo e del nostro rapporto con esso, incoraggiando un'analisi critica del nostro ruolo nel mondo e sull'uso della tecnologia per ristabilire un equilibrio tra uomo e natura.

Nel cortile di Palazzo Strozzi questa visione ha preso vita con *Shy Society*, un'opera che sembra animarsi grazie a movimenti imprevedibili e naturali: la scultura scende fiorendo nella sua bellezza, solo per richiudersi e risalire, in un continuo ciclo che evoca la metamorfosi e l'adattamento costanti della natura stessa.

1   W. Myers, *Studio DRIFT: Poems in Material & Motion*, Stedlijk Museum Amsterdam, 28 settembre 2018: https://www.stedelijk.nl/en/digdeeper/studio-drift-poems-material-motion.

2   *Studio DRIFT: Synergy Between Nature and Technology*, in «Conasür», 28 novembre 2017: https://conasur.com/fragile-future-studio-drift/.

3   DRIFT, Pace Gallery: https://www.pacegallery.com/artists/studio-drift/.

4   B. Leanza, *Fragile Cosmologies: Sensing Nature in the Work of Drift*, in *Drift. Choreographing the Future*, New York 2022, p. 27.

5   DRIFT, *Franchise Freedom*, 2017: https://studiodrift.com/work/franchise-freedom/.

6   DRIFT, *Social Sacrifice*, in «d-arts.cn», 11 luglio 2022: https://www.d-arts.cn/project/project_info/key/MTIwMzU4MjExNzeD33mssIbKcw.html

7   Lonneke Gordijn, in *Studio DRIFT: Synergy Between Nature and Technology*, in «Conasür», 28 novembre 2017: https://conasur.com/fragile-future-studio-drift/

8   P.-A. Kane, *What are the Raw Materials in your iPhone, Starbucks Cup and Bike? - In Pictures*, in «The Guardian», 3 novembre 2021: https://www.theguardian.com/artanddesign/2021/nov/03/art-shed-materialism-fragile-future-technology.

9   DRIFT, *Drifter*, 2017: https://studiodrift.com/work/drifter/.

10   R.S. Aouf, *Studio Drift Creates Dramatic Shifting Ego Sculpture for Dutch Opera L'Orfeo*, in «dezeen», 9 febbraio 2020: https://www.dezeen.com/2020/02/09/studio-drift-ego-installation-opera/.

11   T. Spears, *DRIFT's Drones Light Up Elbphilarmonie Hamburg*, in «designboom», 22 dicembre 2021: https://www.designboom.com/art/drift-breaking-waves-elbphilharmonie-hamburg-illuminated-drones-12-22-2021/.

12   DRIFT, *I Am Storm* Exhibition: https://www.youtube.com/watch?v=BMIrkdHEvj4.

13   M. Katsikopoulou, *DRIFT Recreates Van Gogh's Starry Night in Arles Drone Show*, in «designboom», 6 giugno 2024: https://www.designboom.com/art/drift-immersive-interactive-artworks-done-performance-luma-arles-03-06-2024/.

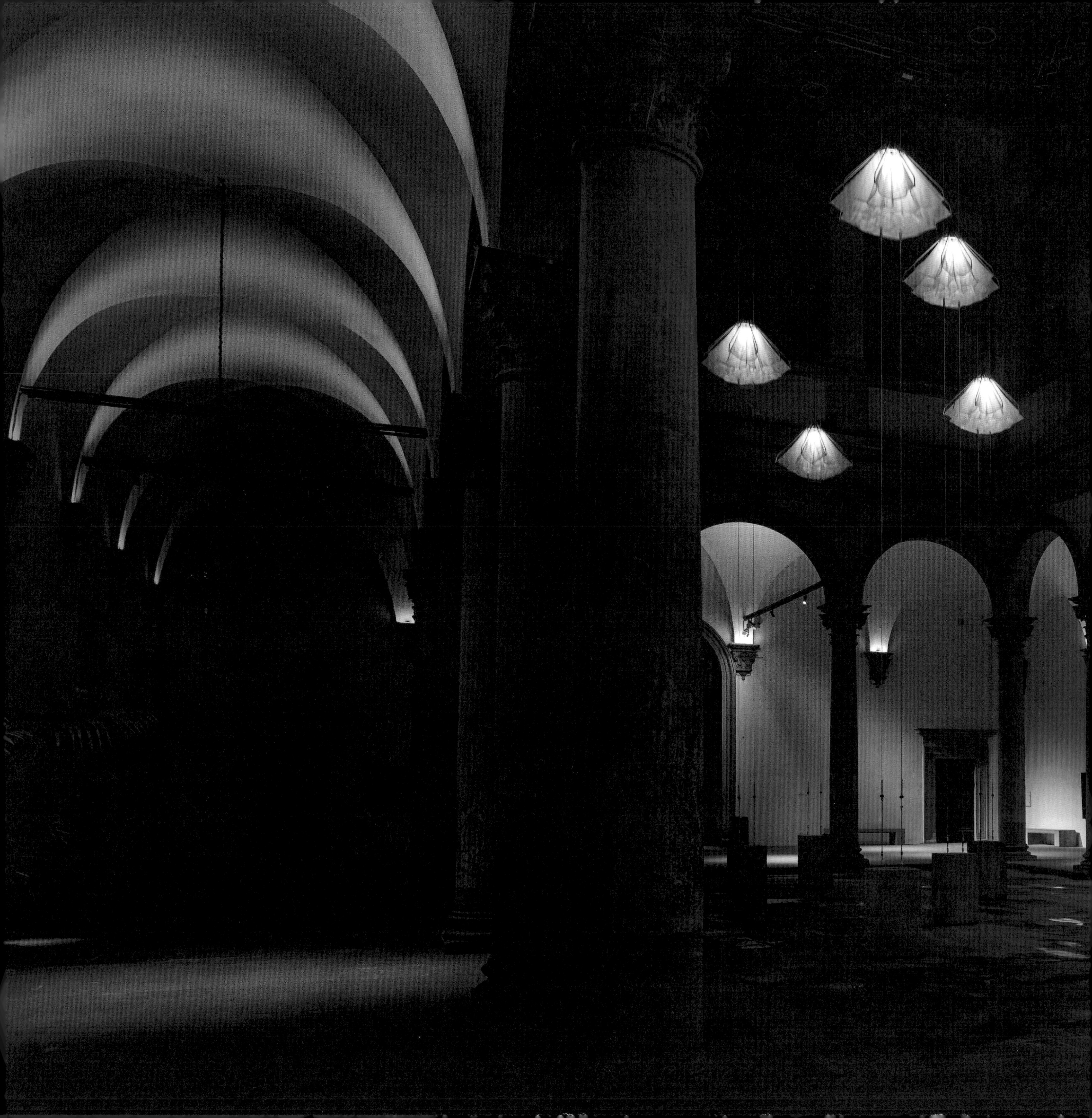

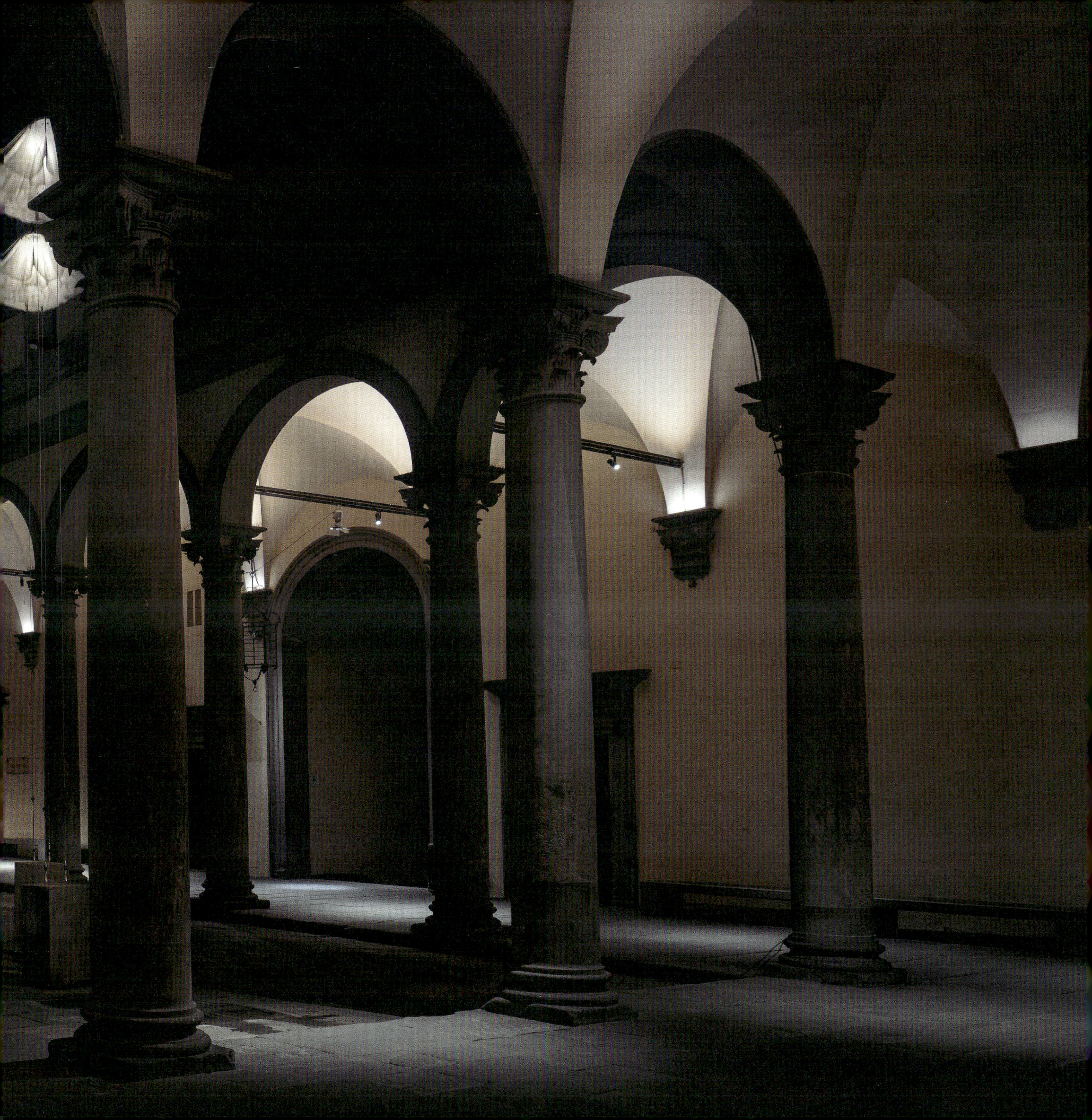

DRIFT
IN CONVERSATION WITH
ARTURO GALANSINO

Arturo Galansino: Can you explain the significance of the title *Shy Society*? What inspired this name for the installation, and how does it reflect the themes of the work?

DRIFT: *Shy Society* is about the collaboration amongst plants—they do not live as individuals but always work as a colony, as a society. In that sense, our installation is about how multiple organisms work together to create an environment—here, it is the installation, the building and also the weather.

AG: How has the concept of *Shylight* evolved since its inception in 2006 to this current iteration at Palazzo Strozzi? In what ways does *Shy Society* specifically build upon or differ from your previous works like *Semblance*, *Meadow*, and *Shy Synchrony*?

D: *Shy Society* is also inspired by the same concept of "nyctinasty", however, each installation differs thanks to the location and setting which play an important role in shaping our pieces and how they are experienced. *Semblance* was a study for outdoor shylight, one that we were not able to fully realise until *Shy Society*. *Meadow* stands out because it is the only performance where there is an explicit interaction between the artwork and the local botanical—we choose the colors of the installation based on the flowers present in the location. *Shy Synchrony* does not have this interaction, but it is an installation with the most pieces installed in a space. The grand scale alone changed the way that our audience reacted to the performance.
Shy Society will be the first outdoor performance of this series, and because of this, we have redeveloped the whole structure of the sculptures to be stronger, more durable and weather-resistant. The most important change was the fabric—instead of using silk like in the other works, we use polyester instead.

DRIFT
IN CONVERSAZIONE CON
ARTURO GALANSINO

Arturo Galansino:	Potete spiegarci il significato del titolo *Shy Society*? Da cosa avete tratto ispirazione per il nome dell'installazione e in che modo rispecchia le tematiche che affronta quest'opera?

DRIFT:	*Shy Society* esamina la collaborazione tra le piante, che non esistono come individui ma operano sempre come una colonia, come una società. In questo senso l'installazione parla del modo in cui molti organismi possono lavorare insieme per produrre un ambiente condiviso, che qui è l'opera, il palazzo, persino le condizioni meteorologiche.

AG:	Come si è evoluto il concetto di *Shylight* dalla sua prima comparsa nel 2006 alla sua attuale declinazione a Palazzo Strozzi? In che modo *Shy Society* si fonda su o si discosta da opere precedenti come *Semblance*, *Meadow* o *Shy Synchrony*?

D:	Anche *Shy Society* si rifà al concetto di "nictinastia", ma ogni installazione è diversa per posizionamento e ambientazione, che svolgono un ruolo importante sia nell'ideazione delle nostre opere sia nell'esperienza che ne fa il pubblico. *Semblance* era uno studio per portare *Shylight* all'aperto, cosa che non siamo riusciti a fare del tutto fino a *Shy Society*. *Meadow* si distingue perché è l'unica performance dove c'è un'interazione esplicita tra l'opera d'arte e la flora locale: abbiamo scelto i colori dell'installazione in base ai fiori che si trovavano sul posto. Con *Shy Synchrony* non c'è questa interazione, ma è l'opera con il maggior numero di elementi installati in un unico spazio. Già il fatto di lavorare su grande scala ha inciso sulla reazione del pubblico.
Shy Society sarà la prima performance all'aperto della serie e per questo motivo abbiamo rivisto la struttura delle sculture perché siano più solide, più durevoli e più resistenti agli agenti atmosferici. La modifica più importante è stata nel tessuto: al posto della seta utilizzata per altre opere, qui abbiamo usato il poliestere.

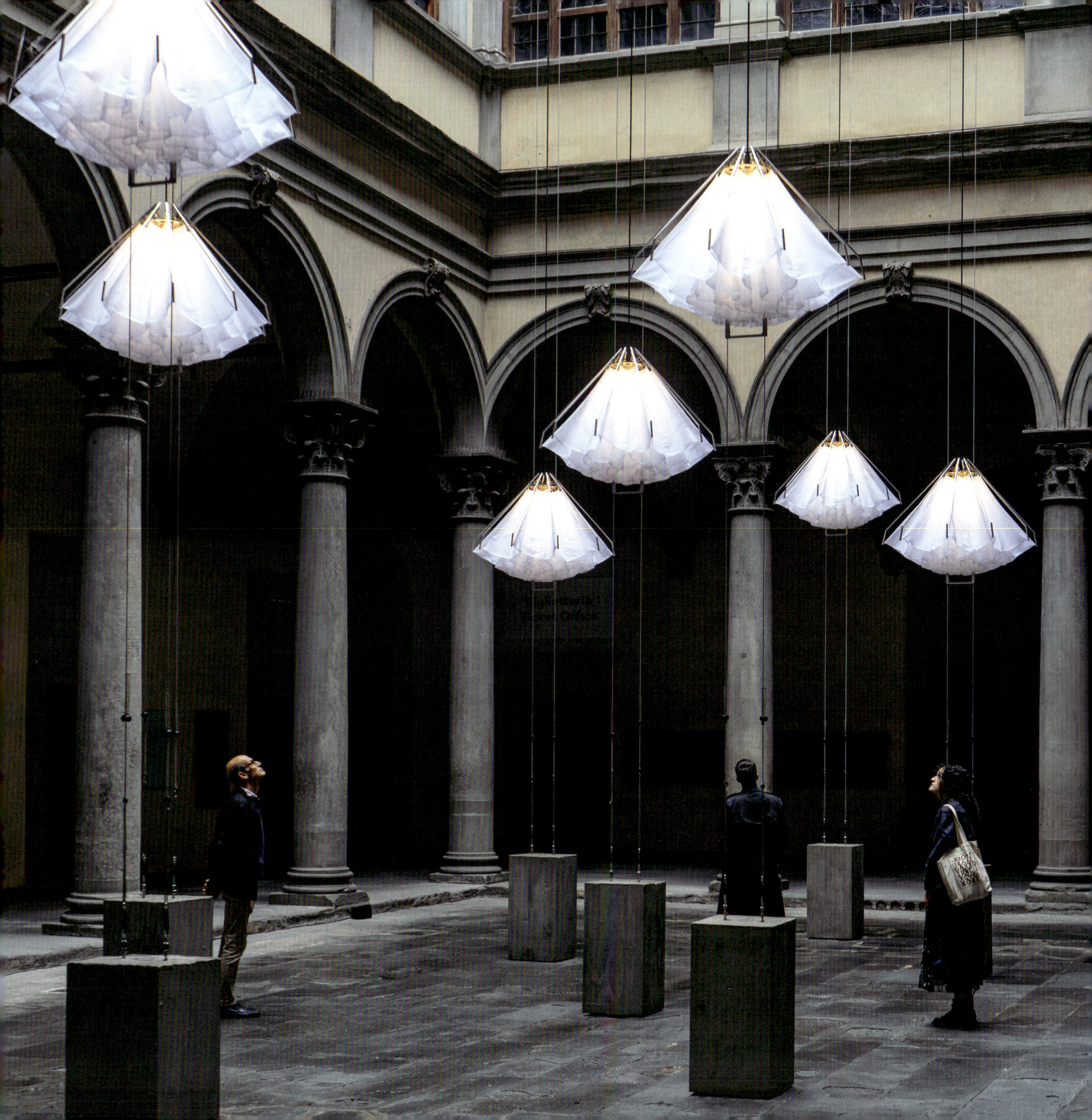

AG: In che modo l'installazione fa dialogare i fiori con il cortile rinascimentale di Palazzo Strozzi? Quali sfide e opportunità ha presentato questa ambientazione storica?

D: Lavorare con stili architettonici ogni volta diversi è certamente una sfida, ma dal punto di vista creativo offre anche numerose opportunità. Palazzo Strozzi è uno degli edifici più eleganti e rappresentativi dell'architettura rinascimentale. Una cosa che abbiamo notato visitando il cortile ed esplorando gli interni è come siano stati costruiti a misura d'uomo. Oggi, a causa della mancanza di spazio nelle città moderne cerchiamo di concentrare il maggior numero possibile di funzioni in un singolo ambiente. Certo non è stato questo il caso quando progettarono Palazzo Strozzi. Con *Shy Society* vogliamo tornare a sottolineare il tocco umano nello spazio per far sì che il nostro pubblico vi si possa rapportare in modi diversi.

AG: Potete dirci qualcosa di più sul concetto di "nictinastia" e su come abbia influito non solo sul movimento dei fiori, ma anche sulla narrazione e sulla percezione dell'installazione nel suo insieme?

D: La nictinastia è un meccanismo naturale estremamente evoluto che controlla la capacità di certi fiori di chiudersi di notte per proteggersi e al contempo conservare le proprie risorse. Per gli esseri umani è un meccanismo che si manifesta nelle emozioni che ci aiutano a orientarci nella vita. In questo mondo tutto ciò che è naturale, noi compresi, è sempre in costante cambiamento: ci adattiamo, più o meno coscientemente, all'ambiente circostante. Tuttavia, la maggior parte degli oggetti fabbricati dall'uomo, edifici inclusi, non ne tiene conto: sono statici, costruiti per situazioni specifiche.
Con *Shy Society* stiamo cercando di capire come infondere la vita in questi oggetti inanimati assegnando loro dei movimenti capaci di trasmettere emozioni e personalità. Volevamo creare un qualcosa che potesse assumere forme diverse e trasmettere emozioni. In natura i fiori si muovono per attirare le api, si aprono e sbocciano al sole, si richiudono quando piove. I loro movimenti raccontano una storia ed è questo che cerchiamo sempre di catturare con le nostre opere. Speriamo che la performance animi il cortile di Palazzo Strozzi così da emozionare il pubblico.

AG: In che modo *Shy Society* tratta il tema dell'adattamento, sia in natura che nella società umana? Che reazione sperate che provochi nel pubblico contemporaneo, soprattutto nel contesto delle sfide ambientali che ci troviamo ad affrontare?

D: Come tutte le nostre opere, *Shy Society* è in primo luogo un'ode alla bellezza della natura, un riconoscimento della sua capacità di evolversi e adattarsi all'ambiente circostante. Vogliamo che il nostro pubblico senta quello che abbiamo provato noi mentre creavamo quest'opera, che faccia un passo indietro per essere davvero presente in questo momento, in questo spazio. Le nostre vite sono così frenetiche che non è possibile vedere come le cose che facciamo e le decisioni che prendiamo siano influenzate dall'ambiente e dalle persone che ci circondano.
Ovviamente il principio base dell'opera è l'adattabilità, il modo in cui le nostre vite cambiano ogni giorno. Questo principio è estremamente rilevante nel contesto delle sfide ambientali che ci troviamo ad affrontare. Riguarda la comprensione e l'accettazione del fatto che non può tutto continuare come al solito. La vita non può andare avanti allo stesso modo, per quanto disagevole possa sembrarci. Dobbiamo imparare ad accettare le conseguenze delle nostre azioni e trovare la maniera di proseguire.

AG: Il vostro lavoro è spesso descritto come qualcosa che permette agli opposti di "dialogare". In che modo *Shy Society* esplora il rapporto tra natura e tecnologia, tra conoscenza e intuito, tra scienza e poesia?

D: È vero che cerchiamo di instaurare un "dialogo tra gli opposti" nelle opere che produciamo, ma è importante capire che non stiamo sostituendo una cosa con l'altra.

AG:	How does the installation create a dialogue between the flowers and the Renaissance courtyard of Palazzo Strozzi? What challenges and opportunities did this historical setting present?

D:	Working with different architectural styles for each iteration is definitely a challenge, but it also poses so many opportunities for us as artists. Palazzo Strozzi is one of the most elegant and iconic buildings of Renaissance architecture. When we visited the courtyard and walked around the building, something that we noticed was how it was really made for the human-scale. Due to the lack of space in modern cities, humans now try to squeeze as many things into one space as possible, and this was definitely not the case for the design of Palazzo Strozzi. With *Shy Society*, we want to again emphasize this human touch in the space, to activate our audience to engage with it in different ways.

AG:	Can you elaborate on how the concept of "nyctinasty" influenced not just the movement of the flowers, but also the overall narrative and experience of the installation?

D:	Nyctinasty is a highly evolved natural mechanism that controls the ability of certain flowers to close at night in self-defense and to conserve their resources. For humans, this mechanism takes the form of emotions, helping us navigate through life. Everything natural in this world, including us, is always in a constant state of change, we adapt to our surroundings consciously and unconsciously. However, most man-made objects and buildings do not reflect this—they are all in a static form, catered to specific situations. With *Shy Society*, we are exploring how we can bring these inanimate objects to life by infusing them with motions that convey emotions and character. We wanted to create a being that has different states of being, and that can communicate emotions. In nature, flowers move to attract bees, they open up and blossom fully in the sun, they close themselves off when it rains. Their movements convey a story, and this is what we always try to capture with our artworks. We hope the performance will animate the courtyard of Palazzo Strozzi in an exciting way for audiences.

AG:	How does *Shy Society* reflect on the theme of adaptation, both in nature and human society? How do you hope this resonates with today's viewers, especially in the context of current environmental challenges?

D:	As with all of our other pieces, *Shy Society* is first and foremost an appreciation for the beauty of nature, and a recognition of its ability to evolve and adapt to its environment. We want our audiences to experience what we feel when we created this piece, and to really take a step back to just be present in this moment, in this space. We live such fast-paced lives that it's impossible to see how the things we do and the decisions we make are influenced by input from our environment and the people around us.
The core principle of the piece is of course, adaptability, how our lives change day by day. In the context of current environmental challenges, this principle is extremely relevant. It is about the understanding and acceptance of the fact that business cannot go on as usual in the face of the issues we are facing. Life cannot continue being the way it is, no matter how inconvenient it may seem. We have to learn to live with the consequences of our actions and find a way through.

AG:	our work is often described as creating a "dialogue between opposites". How does *Shy Society* specifically explore the relationships between nature and technology, knowledge and intuition, science and poetry?

D:	It is true that we try to create a "dialogue between opposites" in what we do, but it is important to note that we are not replacing one for another. In nature, we find endless inspirations, and in technology we find opportunities. When it comes to our work, we

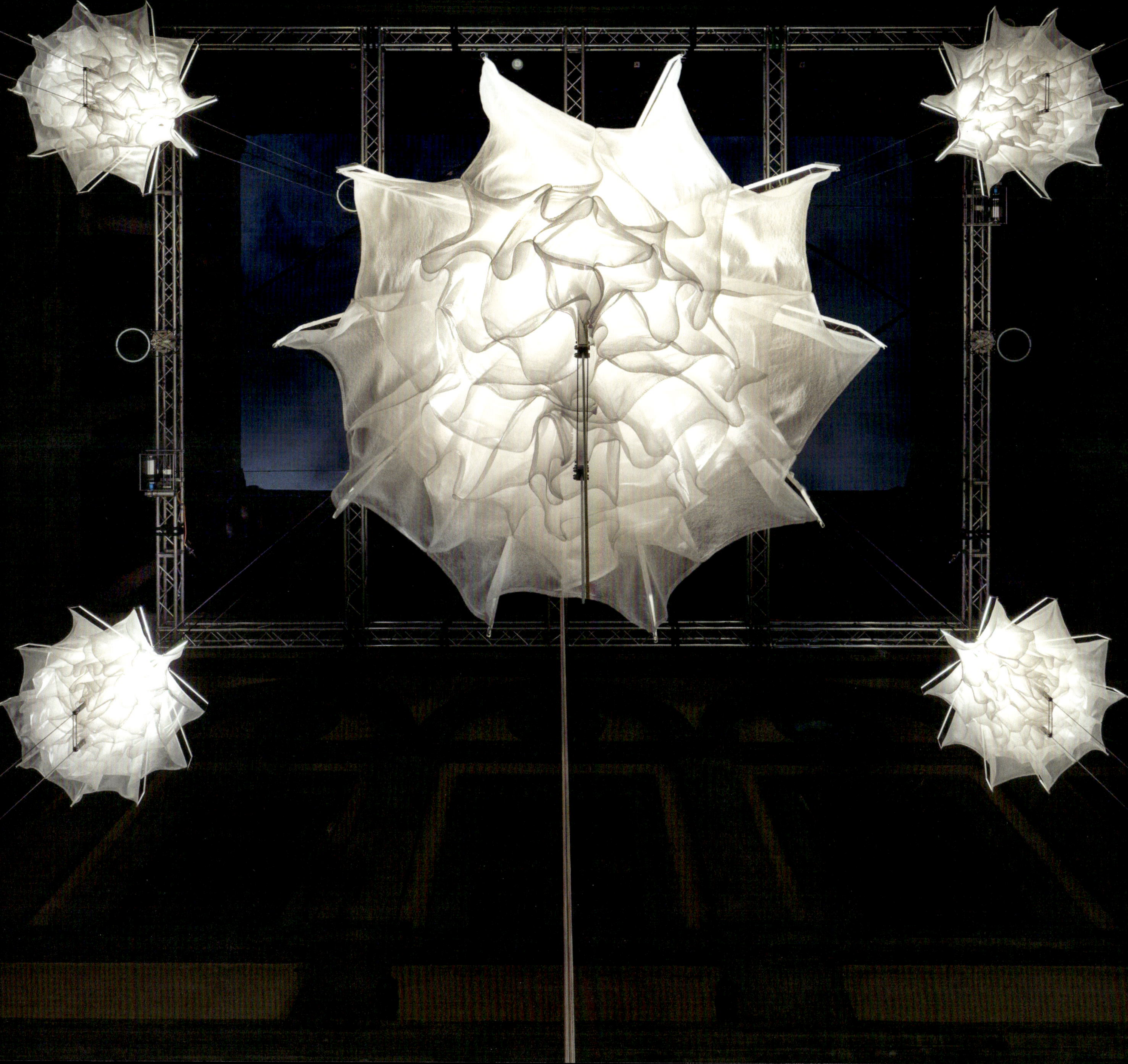

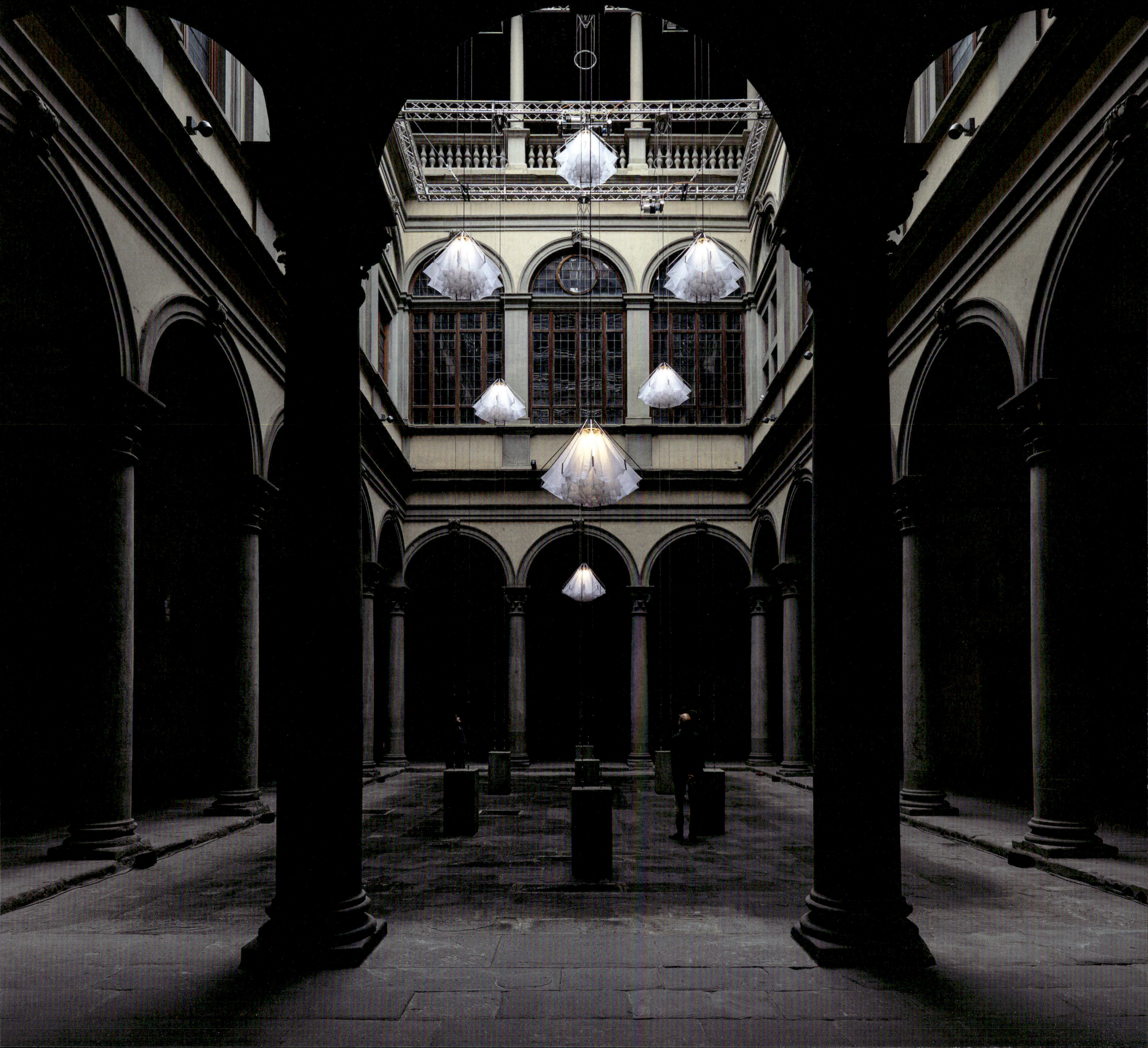

Nella natura troviamo infinite fonti d'ispirazione; nella tecnologia troviamo opportunità.
Con il nostro lavoro ci rivolgiamo alla natura nel tentativo di ristabilire ritmi e armonie
attraverso un uso alternativo della tecnologia.
Cerchiamo di costruire un ponte tra questi rapporti binari favorendo così un dialogo.
Vogliamo immaginare una situazione in cui entrambi gli aspetti possano coesistere
in armonia reciproca. Per questo *Shy Society* si integra perfettamente nel contesto
rinascimentale di Palazzo Strozzi: esiste in una dimensione intermedia, fondendo
e connettendo gli opposti.

AG: Che ruolo ha la musica nell'esperienza complessiva di *Shy Society*?
Potete parlarci della vostra collaborazione con i musicisti per questo progetto?

D: Chiamiamo "coreografia" il movimento dei fiori perché è in larga misura determinato
dalla musica. In realtà, la musica definisce anche il tipo di esperienza che avranno i
visitatori. Senza di essa la performance sarebbe comunque bella, ma il suono è quello
che immerge il pubblico, cattura la sua attenzione e indirizza le sue emozioni. Sarebbe
un'esperienza del tutto diversa se scegliessimo, ad esempio, un brano dolce e malinconico
invece di un motivo allegro.
In questa performance abbiamo collaborato con RZA e usato il suo brano *Good Night 1st
Movement* per la coreografia dei fiori. È stata una collaborazione molto interessante, perché
essendo un rapper appassionato di musica classica, RZA si muove sul confine tra questi due
generi. La composizione è rappresentativa della sua stessa vita e parla di come bellezza e
purezza possano nascere dall'impurità: ancora un "dialogo degli opposti". Il nostro lavoro
riprende questa rappresentazione della resilienza della bellezza della natura di fronte alle
avversità e, dato che il tema del balletto è una persona che sta affrontando dei cambiamenti,
troviamo che sia perfettamente in linea con il concetto di "nictinastia" che ispira il nostro
lavoro.

AG: Potete raccontarci il processo creativo che ha portato alla realizzazione del ritmo
e della coreografia dei fiori? Quali sfide avete dovuto affrontare per dare vita alla vostra
visione?

D: È molto importante capire che quando abbiamo sviluppato il ritmo e la coreografia
dei fiori non stavamo cercando di adattare il movimento alla musica. Abbiamo tentato,
piuttosto, di adattarlo all'atmosfera del pezzo, in modo che musica e coreografia
si esaltassero a vicenda.
Poi il processo creativo cambia per ciascuna performance, perché usiamo musiche
sempre diverse e la sfida è quella di interpretare la musica in modo da poter raccontare
una storia. La differenza tra *Good Night 1st Movement* e altri brani che abbiamo utilizzato è
che è molto più stabile, perciò, per creare la tensione necessaria a coinvolgere il pubblico,
abbiamo dovuto prestare grande attenzione alle variazioni più impercettibili della musica.

AG: In che modo sperate che *Shy Society* influenzi l'andatura e i pensieri del pubblico?
Lo scopo è invitare le persone a rallentare, a contemplare? Che genere di partecipazione
o interazione vi aspettate?

D: In generale le nostre opere sono diverse, e questo vale anche per *Shy Society*,
perché si "muovono", si muovono "all'unisono". Gli oggetti che si muovono all'unisono
hanno un diverso modo di interagire con il pubblico perché sono vivi, comunicano con
le persone, e le persone hanno una reazione fisica, intuitiva. *Shy Society* è un invito al
pubblico a rallentare, a contemplare. Certo, sappiamo che è la stessa cosa che hanno fatto
visitando la mostra di Palazzo Strozzi, ma con il suo movimento questa performance rende
la bellezza dello spazio davvero (e letteralmente) viva. Grazie alla semplicità dell'opera il
pubblico non dovrà cercare di indovinarne il significato nascosto, e troviamo che questo sia
molto bello. Vogliamo che si percepisca il reale impatto dell'opera.

look to nature to try to restore these rhythms and harmonies through an alternative use
of technology.
We try to bridge these binary relationships and to, precisely, create a dialogue. We want to
envision a situation where both notions can co-exist in harmony with each other. This is
why *Shy Society* fits so well into the Renaissance background of Palazzo Strozzi, it exists
in-between, it blends and connects these opposites.

AG: How does the music contribute to the overall experience of *Shy Society*?
Can you discuss the collaboration process with musicians for this project?

D: We call the way that the flowers move choreography, because these motions are
very much determined by the music. More than that, the music also determines the type
of experience that visitors have. Without it, the performance would still look nice, but the
music is what immerses the audience, captures their attention and directs their emotions.
It would be a completely different experience if we chose, for example, a sad, mellow song
as opposed to an upbeat song.
For this performance, we collaborated with RZA and choreographed the flowers to his song
Good Night 1st Movement. It is quite an interesting collaboration because as a rapper who
turned to classical music, RZA treads the lines between these two opposite music genres.
The song is symbolic of his own life, and about how beauty and purity can grow out of
impurity—again, another "dialogue between opposites". Our work takes on this symbolism
of the resilient beauty of nature amidst adversity, and because the ballet is about someone
going through changes, we find it very fitting to the concept of "nyctinasty" that inspired our
work.

AG: Can you walk us through the creative process of developing the rhythm and
choreography of the flowers? What challenges did you encounter in bringing this vision
to life?

D: It's quite important to note that when we develop the rhythm and choreography of the
flowers, we are not trying to choreograph the movement to match with the rhythm. What we
try to match is the atmosphere of the music, so in that way, the music and the choreography
complement and emphasize each other.
The creative process then changes with each performance because we use different
music each time, and it is always that challenge of interpreting the music in order to tell
the story. What makes *Good Night 1st Movement* different from the previous songs we have
interpreted is that it is much more stable, and so to create the tension that can engage
the audience, we really need to pay attention to the subtlety of the music variations.

AG: How do you hope *Shy Society* will influence the pace and mindset of the audience?
Is it intended as an invitation for viewers to slow down and contemplate? Which kind
of participation or interaction do you expect?

D: What differentiates *Shy Society* and our works in general is that they *move*, and they
move *together*. Objects that move together have a different way of interacting with the
audience—they are alive, they communicate with people, and people respond to them
physically, intuitively. *Shy Society* is an invitation for viewers to slow down and contemplate.
Of course, we are aware that that's what they have been doing throughout the whole show
at Palazzo Strozzi, but this performance really (and literally) brings the beauty of the space
to life through movements. Because of the simplicity of the piece, visitors do not have to try
to guess the meaning behind it—and we think that's quite nice. We want the real impact of
the work to be felt.

AG: Given that the installation runs from October to January, how does the changing of
seasons affect the experience of *Shy Society*? Was this a consideration in your design?

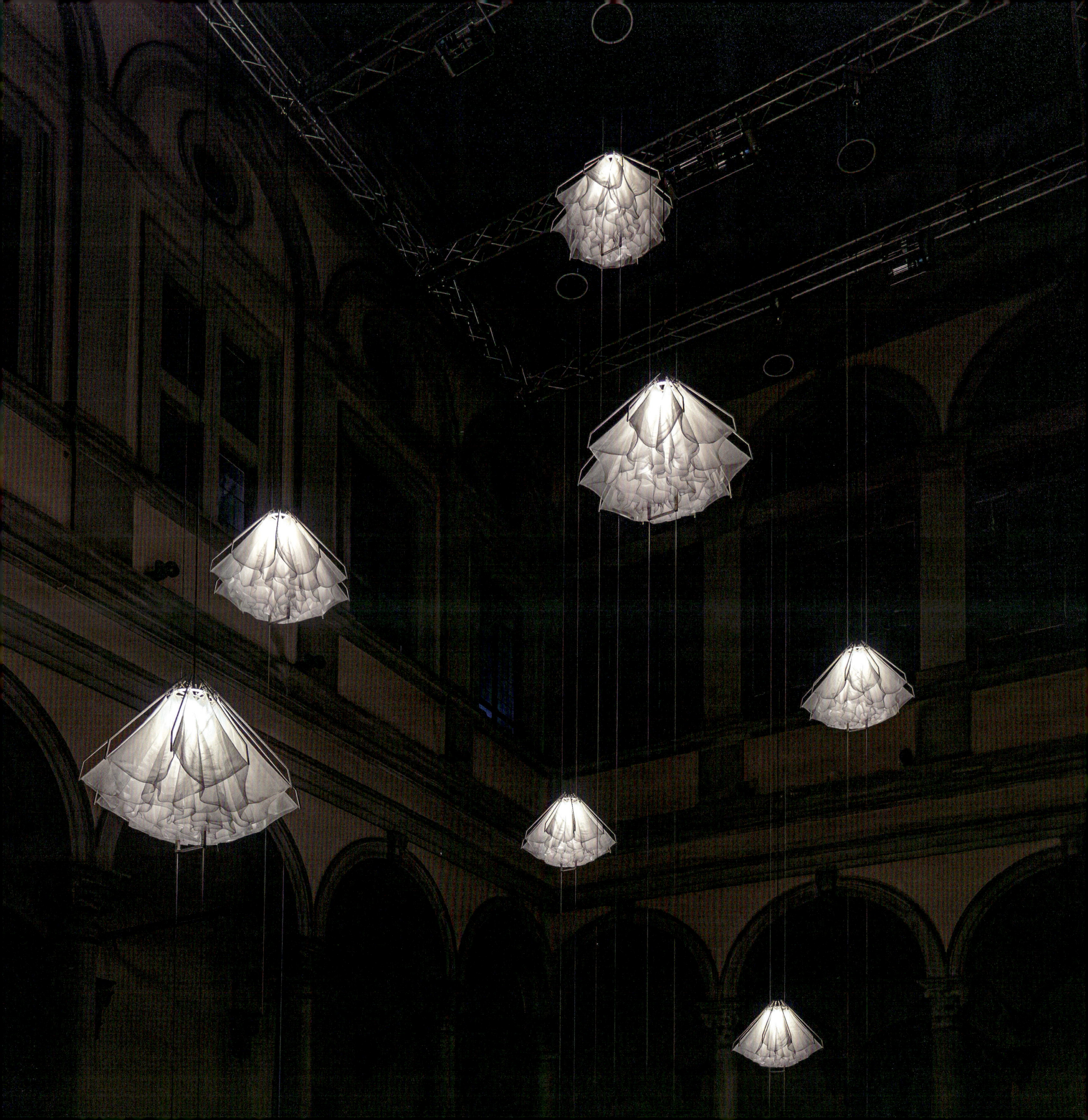

D: Due to the fact that it is an outdoor installation, weather factors like lighting conditions will definitely influence the overall atmosphere of the performance. Even though we took these factors into consideration, the truth is we cannot control nor predict natural phenomena. We have incorporated a weather module into the software so the flowers would retreat back into their cocoons in extreme conditions for safety reasons. Since it's the first time that we do this outside, we are also quite excited to see how our installation would react to natural conditions.

        AG: How does *Shy Society* reflect or potentially expand DRIFT's overall artistic philosophy?

D: *Shy Society* fulfills our wish to bring our work into the public space. Artworks that are found in the public space always give quite a masculine feeling—they are usually made of stones, very hard, very sturdy—it makes sense since they need to be difficult to be destroyed. In our case, we think what we actually need in public space is something more feminine, more comforting. Public spaces can feel really unsafe at times, for example in the evening, and so we need artworks that would make the space feel safe and inviting. We want to bring that reassuring human feeling back into public space, and make humans really the center of the experience.

        AG: Looking ahead, what future developments in technology are you most excited to explore in your upcoming projects?

D: Something that we want to note is that at DRIFT, we never use technology in the way it is intended to be used, we always work at the intersection of technology. Similar to people in our industry, we are curious and also skeptical about Artificial Intelligence. We don't think AI can replace us in doing creative work, but we are working to understand how we can harness it for our processes. At the moment, it can take us years to develop a certain technology for our artworks, and AI can speed this up.
Still, we are committed to the physical; to creating artworks that transform spaces. We want to incorporate the digital into the real world and enhance the experience rather than making the digital the experience itself. It took us fifteen years for example, to physically and with the laws of nature make a block of concrete float. But the feeling of awe that our audiences experience will hopefully last a lifetime.

AG: Dal momento che l'installazione sarà fruibile da ottobre a gennaio, in che modo il mutare delle stagioni influirà sull'esperienza di *Shy Society*? È una cosa di cui avete tenuto conto in fase di progettazione?

D: Visto che è un'installazione all'aperto, il fattore meteorologico, come pure la luminosità, avranno certamente un grande impatto sull'atmosfera complessiva della performance. Anche se abbiamo tenuto conto di questi fattori, la verità è che non possiamo né controllare né predire i fenomeni naturali. Abbiamo inserito un sensore climatico nel software in modo che in condizioni estreme i fiori si ritirino nei bozzoli per motivi di sicurezza. Dal momento che è la prima volta che facciamo un'installazione all'aperto, siamo molto curiosi di vedere come reagirà agli agenti atmosferici.

AG: In che modo *Shy Society* riflette o potenzialmente espande la filosofia artistica di DRIFT?

D: Per noi *Shy Society* è la realizzazione del desiderio di esporre il nostro lavoro in uno spazio pubblico. Le opere d'arte situate in luoghi pubblici hanno sempre un aspetto mascolino: solitamente sono fatte di pietra o di materiali molto duri, solidi, il che ha senso, perché devono essere difficili da distruggere. Noi, d'altro canto, riteniamo che ci sia bisogno di qualcosa di più femminile, di più confortante negli spazi condivisi, che a volte trasmettono un senso di grande insicurezza, ad esempio la sera. Perciò abbiamo bisogno di opere d'arte che rendano questi luoghi sicuri e invitanti. Vogliamo riportare un senso rassicurante di umanità nello spazio pubblico facendo sì che l'essere umano sia davvero al centro dell'esperienza.

AG: Guardando al futuro, quali sviluppi tecnologici siete più impazienti di esplorare nei vostri prossimi progetti?

D: Una cosa che vorremmo sottolineare è che DRIFT non utilizza mai la tecnologia nel modo in cui è stata concepita: lavoriamo sempre alla sua intersezione. Come molte persone nel nostro campo, siamo curiosi ma anche scettici riguardo all'Intelligenza Artificiale. Non pensiamo che l'IA possa sostituirci nel lavoro creativo, ma stiamo cercando di capire come possiamo imbrigliarla per i nostri scopi. Al momento ci mettiamo anni a sviluppare le tecnologie per le nostre opere e l'IA potrebbe velocizzare il processo. Tuttavia, siamo fedeli alla fisicità, alla creazione di opere che trasformino gli spazi. Vogliamo incorporare il digitale nel mondo reale e migliorarne l'esperienza, piuttosto che il digitale sia l'esperienza stessa. Per esempio, abbiamo impiegato quindici anni per far galleggiare un blocco di cemento, fisicamente, vincolati dalle leggi di natura, ma speriamo che lo stupore provato dalle persone possa durare tutta la vita.

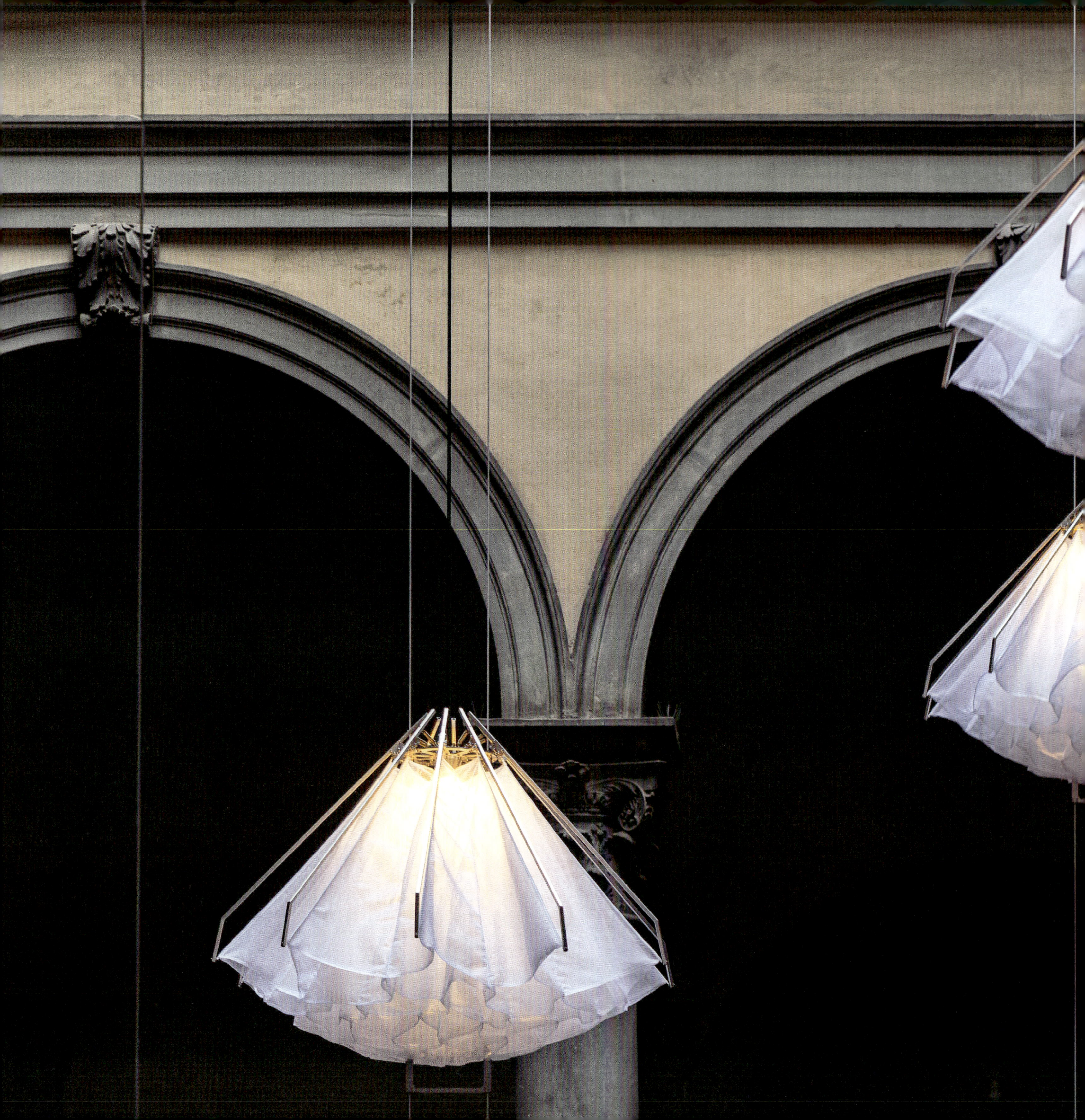

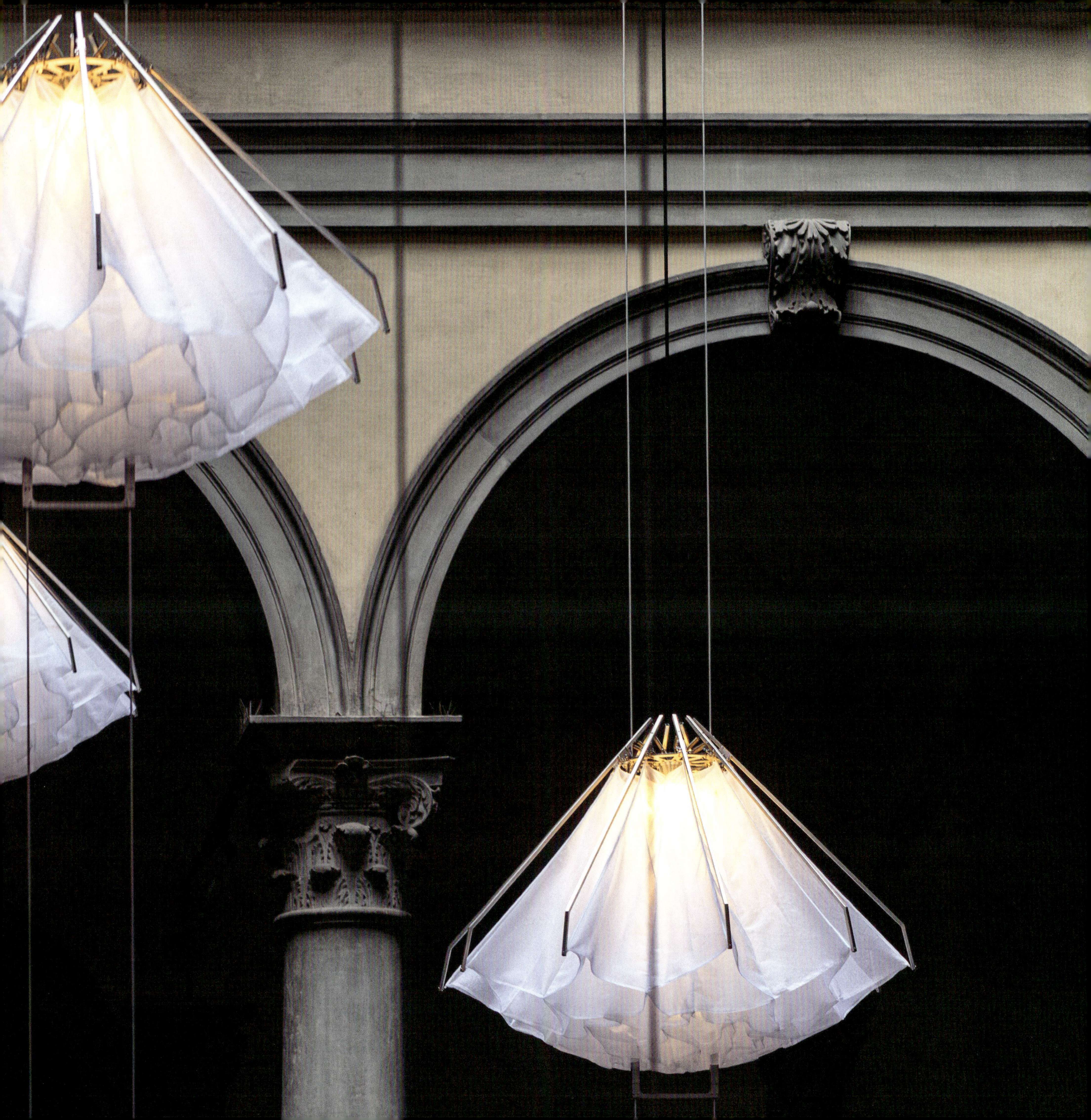

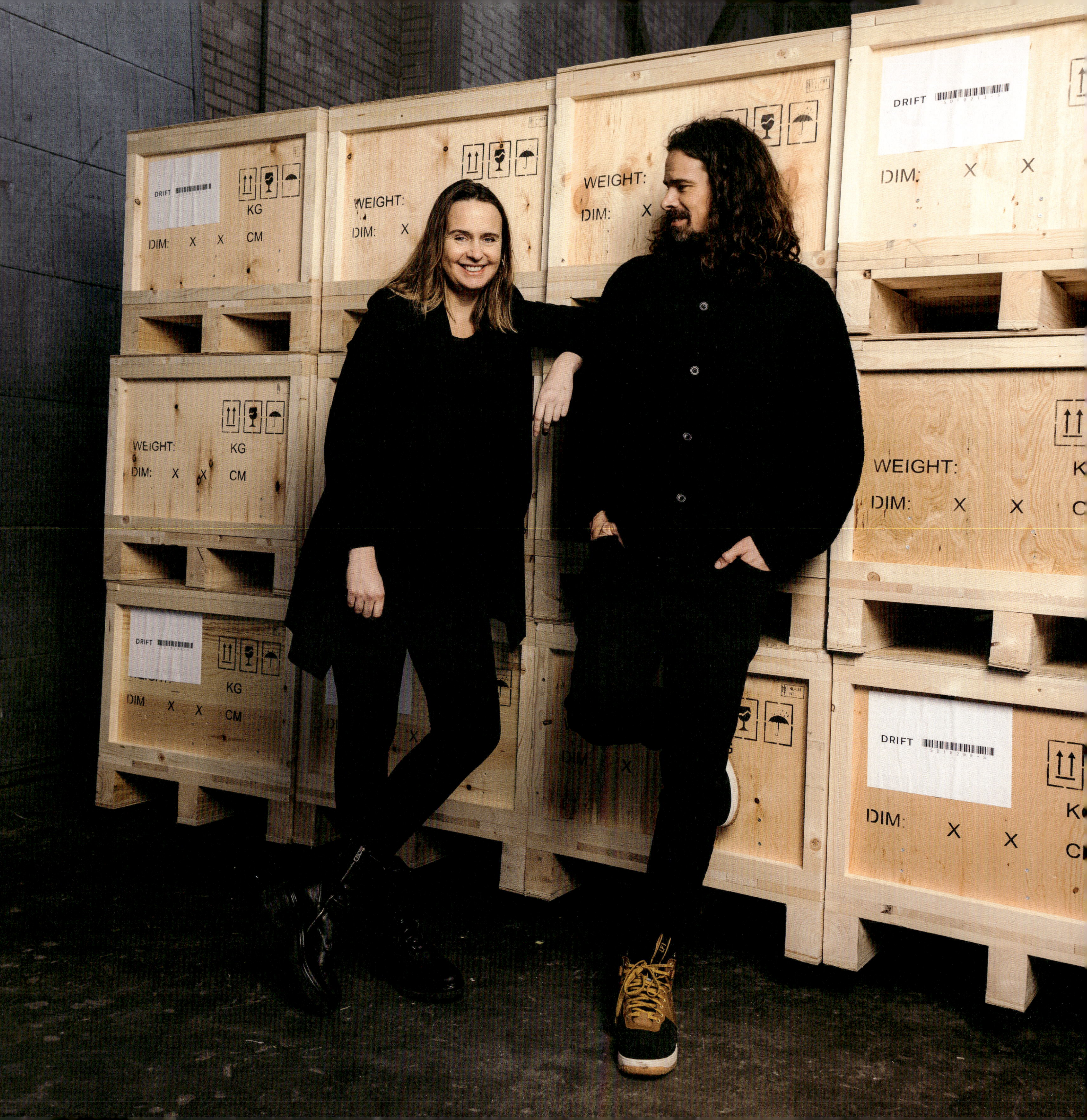

DRIFT
KG
DIM: X X CM
WEIGHT:
DIM: X
WEIGHT: KG
DIM: X X CM
DRIFT
WEIGHT: KG
DIM: X X CM
DRIFT
DIM: X X
WEIGHT:
DIM: X
WEIGHT: K
DIM: X X C
DRIFT
DIM: X X C

SU DRIFT
ABOUT DRIFT

DRIFT è uno studio fondato nel 2007 dagli artisti olandesi Lonneke Gordijn (1980) e Ralph Nauta (1978) che, insieme a un team multidisciplinare di sessantacinque collaboratori, creano sculture, installazioni e performance esperienziali.
DRIFT rivela i fenomeni e le proprietà meno evidenti della natura usando la tecnologia per apprendere dai meccanismi nascosti della Terra e ristabilire la nostra connessione con essa.
Le opere di DRIFT evidenziano, con profondità e semplicità, le similitudini che esistono tra le strutture costruite dagli esseri umani e quelle naturali tramite processi analitici, interattivi e innovativi. Il duo di artisti pone domande fondamentali sull'essenza della vita ed esplora scenari positivi per il futuro.
Ciascuna opera possiede sempre la capacità di trasformare il luogo in cui si trova. Gli spazi limitati di un museo o di una galleria non rendono sempre giustizia alla produzione artistica, che spesso riesce a esprimere il proprio potenziale solo in ambito pubblico o attraverso l'architettura. DRIFT mette in sintonia esseri umani, spazi e natura, offrendo alle persone esperienze che le ispirino a riconnettersi con il pianeta.
DRIFT ha realizzato numerose mostre e progetti in tutto il mondo. Il lavoro di DRIFT è stato esposto in molte sedi, tra cui La Biennale di Venezia (2015, 2022); The Shed (2021); Pace Gallery (2021); Stedelijk Museum (2018); Victoria & Albert Museum (2009, 2015); MET Museum (2010).
Le opere di Gordijn e Nauta fanno parte delle collezioni permanenti di LACMA; Rijksmuseum; SFMOMA; Stedelijk Museum; Victoria & Albert Museum. Nel 2017 DRIFT ha ricevuto il premio Dezeen Designer of the Year.

Dutch artists Lonneke Gordijn (1980) and Ralph Nauta (1978) founded DRIFT in 2007. With a multidisciplinary team of 65, they work on experiential sculptures, installations and performances.
DRIFT manifests the phenomena and hidden properties of nature with the use of technology in order to learn from the Earth's underlying mechanisms, and to re-establish our connection to it.
With both depth and simplicity, DRIFT's artworks illuminate parallels between man-made and natural structures through deconstructive, interactive, and innovative processes. The artists raise fundamental questions about what life is and explore a positive scenario for the future.
All individual artworks have the ability to transform spaces. The confined parameters of a museum or a gallery do not always do justice to a body of work, rather it often comes to its potential in the public sphere or through architecture. DRIFT brings people, space and nature on to the same frequency, uniting audiences with experiences that inspire a reconnection to our planet.
DRIFT has realized numerous exhibitions and projects around the world. Their work has been exhibited at Biennale di Venezia (2015, 2022); The Shed (2021); Pace Gallery (2021), The Stedelijk Museum (2018); Victoria & Albert Museum (2009, 2015); MET Museum (2010); amongst others.
Their work is held in the permanent collections of the LACMA; Rijksmuseum; SFMOMA; Stedelijk Museum; and Victoria & Albert Museum. In 2017, DRIFT was awarded Dezeen Designer of the Year.

www.studiodrift.com

Fotografie / *Photos*
Finn Bech, p. 26
Ela Bialkowska, OKNO Studio, pp. 4-5, 8, 30-31, 34, 37,
    38, 41, 44-45 e risguardi / *and endpapers*
Marco Borggreve, p. 22
Courtesy of Carpenters Workshop Gallery, p. 16
Render Courtesy of DRIFT, p. 27
Tristan Fopma, p. 46
Jon Ollwerther, p. 12
Juuke Schoorl, copertina / *cover*
Ronald Smits, pp. 21, 25
Ossip van Duivenbode, p. 15

Copertina / *Cover*
Shylight, 2015, particolare / *detail*

Pagine / *Pages* *4-5, 8, 30-31, 34, 37, 38, 41, 44-45*
e risguardi / *and endpapers*
Vedute dell'installazione *Shy Society*,
Firenze, Palazzo Strozzi, 2024
Shy Society, installation views, Palazzo Strozzi,
Florence, 2024

Progetto grafico e impaginazione
Graphic Design and Layout
Carmen Malafronte

Redazione / *Copy Editing*
Rosanna Alberti

Traduzioni / *Translations*
Cristina Popple

© DRIFT
© Fondazione Palazzo Strozzi, Firenze / *Florence*
© 2024 by Marsilio Arte® s.r.l., Venezia / *Venice*

Prima edizione dicembre 2024
First edition December 2024

ISBN 979-12-5463-242-0
www.marsilioarte.it

Available through ARTBOOK | D.A.P.
75 Broad Street, Suite 630 New York, NY 10004
www.artbook.com

Fotolito e stampa / *Reproduction and Printing*
Grafiche Veneziane s.c.r.l., Venezia / *Venice*

per conto di / *for*
Marsilio Arte® s.r.l., Venezia / *Venice*

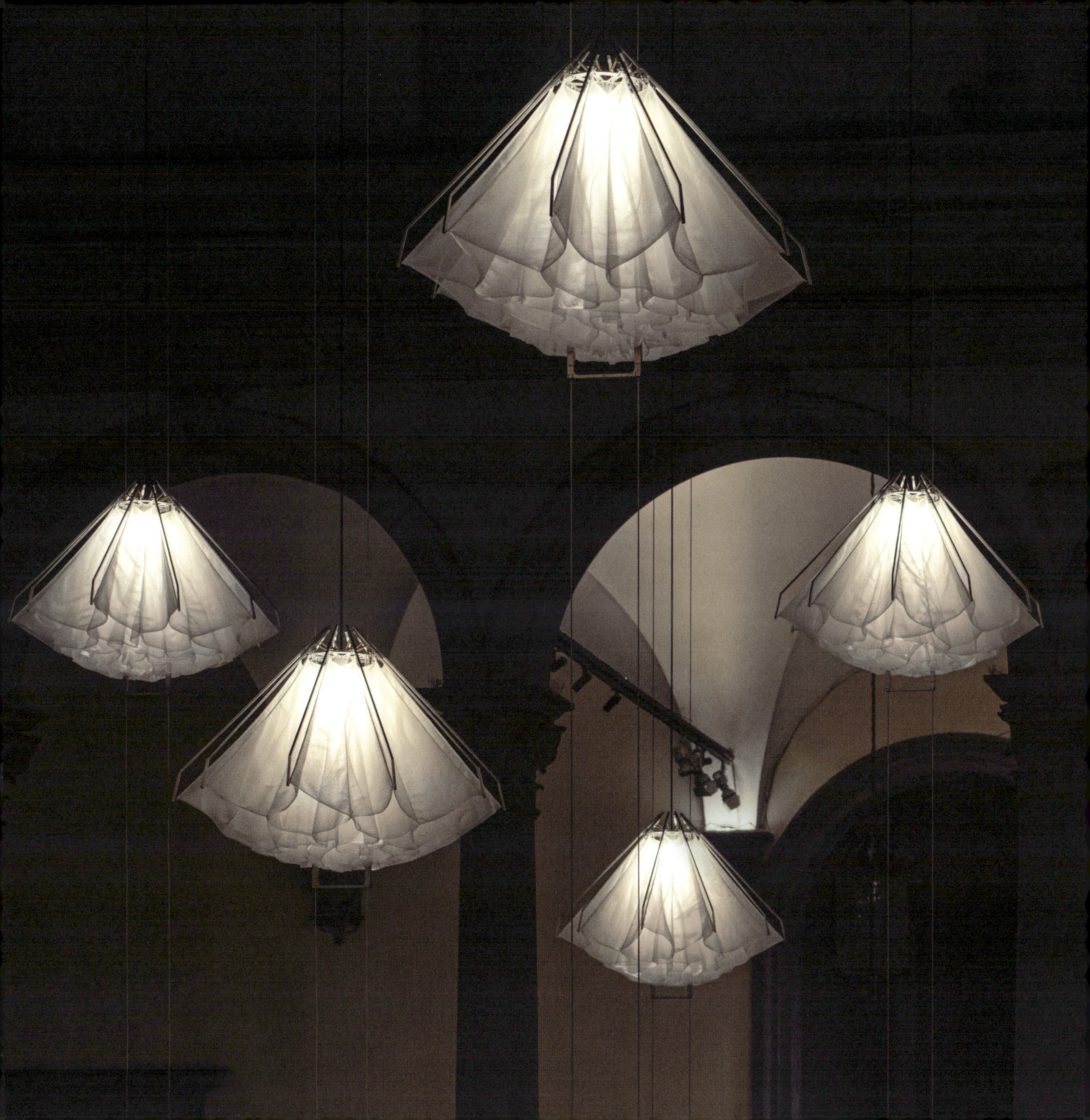